Cuentos de Sabiduría

Enseñar y aprender disfrutando

LA "DIDÁCTICA DEL SER" EN LA ESCUELA

Rosa María Badillo Baena

NARCEA, S. A. DE EDICIONES
MADRID

*"Con dulzura se educa, con dulzura se enseña,
con dulzura se hace todo lo bueno.
No hay que hacerse ilusiones, la afabilidad, la dulzura,
el amor son las virtudes que conquistan al mundo".*

Pedro Poveda

© NARCEA, S.A. DE EDICIONES, 2025
Paseo Imperial, 53-55. 28005 Madrid. España
www.narceaediciones.es

Ilustración de cubierta: Soraya Andújar

Composición: Montytexto

ISBN papel: 978-84-277-3332-9
ISBN ePdf: 978-84-277-3333-6
ISBN ePub: 978-84-277-3334-3
Depósito legal: M-22395-2025

Impreso en España. Printed in Spain

A la niña que hay en mí.

A los pueblos que ayudan a sus niños y a sus niñas para que prosperen. De ellos es el futuro.

A los seres que convierten los desafíos en oportunidades de crecimiento, en razones para vivir.

A Carlos Espinosa Manso, pionero, pedagogo, inspector de educación y un hombre sabio.

Gracias por crear un espacio fértil para el desarrollo de la Educación Holística en la escuela.

Gracias por tu humanidad y toda tu luz.

A Francisco Giner de los Ríos, que nos mostró el camino.

Índice

Agradecimientos

Este libro ha sido posible gracias a la participación de muchas personas que han aportado a la red de la vida sus talentos, para que sea una realidad. En primer lugar, quiero agradecer a todas mis compañeras que formaron parte de este Proyecto su dedicación. Me gustaría nombrar aquí a las que dejaron una huella indeleble porque pusieron su alma en lo que hacían: Guadalupe Rodríguez, Mari Luz Burgueño, Teresa García, Pepi Galiano, M.ª Dolores Mota, Claire Louis Pidd, M.ª José Moreno, Ana Mari Peinado, Isabel María Ortiz, Antonia Moreno, Ana María Gisbert, Teresa-Yamila Rodríguez Portillo (formadora de Comunicación No Violenta) y Margarita Martín. Y, cómo no, a las que ahora lo mantienen vivo: Susana Pérez, Pilar Ortega y Mari Ángeles Vidal. Nos sigue uniendo nuestro propósito común, que siempre estuvo por encima de nuestros pequeños egos: el amor a los niños y a las niñas. El mismo que hace que el Proyecto "Arco Iris de Madres Narradoras" siga adelante con la misma fuerza de los comienzos.

Mi más sincero agradecimiento al Colegio San Sebastián del pueblo de Mijas y a todos los maestros y maestras que nos han abierto las puertas de sus aulas para realizar nuestra labor. Especialmente, nombro aquí a José Antonio Izquierdo, el primer maestro que creyó en nosotras y nos facilitó la entrada a la escuela. Gracias también a los niños y a las niñas, a los jóvenes que han participado en nuestras actividades. Sus maravillosas respuestas a nuestras propuestas son la motivación esencial que me han impulsado a escribir esta obra.

Gracias a mi amiga Manuela García Aguilar, su apoyo para mí ha sido inestimable. Ella me ha ayudado a pasar al ordenador las actividades. Gracias a mi amigo Antonio Campos, compañero de estudios y profesor de Historia, que me indicó la necesidad del profesorado de disponer de actividades didácticas que se hubieran llevado a la práctica con buenos resultados.

Gracias a Enrique Ortigosa, librero y dueño de la Librería Renacer, que me permitió acceder a libros que me han guiado para darle forma a esta obra. Gracias a Rubén Castilla, un extraordinario maestro que me asesoró a la hora de elaborar las fichas para que tuvieran un formato útil y manejable para el profesorado. Gracias a Eduardo Guzmán, músico, que ha transcrito al pentagrama la melodía de La Canción del Río. Gracias también al aliento y al estímulo de un gran maestro, Alejandro Cuello de Céspedes, que ha sido el promotor de que pongan una calle en Mijas a las Madres Narradoras.

Gracias a Sergio Santos y a Rosa Martín cuyos talentos como diseñadores gráficos han permitido que el dibujo de Mohamed adquiriera la calidad adecuada para ser publicado. También dejo constancia aquí de mi agradecimiento a Mohamed, alumno del colegio San Sebastián de Mijas, por colaborar con su creación a embellecer esta obra.

Gracias a mi familia, a mi marido Juan y a mis hijos: Ángel y Eleazar, que han sido mis asesores informáticos durante este proceso creador. Su apoyo y su ayuda no tienen precio.

Gracias a mis ancestros, especialmente, gracias infinitas a mi padre Antonio Badillo Hidalgo, que me contaba cuentos cuando era niña. Él es el verdadero origen de este Proyecto. Yo tan solo he continuado transmitiendo su legado: expresar el amor a través de la palabra y lograr convertirla en PALABRA VIVA. Y muchas gracias a Mónica González Navarro, directora de la editorial Narcea, por creer en este libro y publicarlo. También le doy las gracias a Ana de Miguel, que me dio las claves para hacer una buena introducción y unas acertadas conclusiones.

Y, por último, gracias de todo corazón a mis Maestros y Maestras que han enriquecido y siguen enriqueciendo tanto mi camino.

"Proyecto Arco Iris de Madres Narradoras"

*En nuestros hijos y nuestras hijas, podemos ver
el reflejo de la síntesis de millones de años luz
del ser humano, de la historia del Universo.
El cosmos se ha condensado en el microcosmos
que es el ser humano y los talentos de la niñez
son la joya de la corona del universo.*

ABAD MERCHÁN
Antropólogo y sociólogo

*Lo que vemos como carencia en el mundo
es lo que nos impulsa como humanidad.*

FEDERICA STEINHAGEN
Pedagoga, terapeuta y profesora

Lo que no es, nos lleva a lo que es.

JOAN GARRIGA
Psicólogo y escritor

*Aprovechemos la energía disponible para
entregarnos a lo que realmente importa:
cultivar la excelencia y ayudar a quienes
nos rodean a percibir sus cualidades,
sus virtudes y a brillar.*

ALEX ROVIRA
Antropólogo y sociólogo

El cazador de estrellas

Cuando te escuchaba contar cuentos
era como si una luz se derramara
sobre la negrura de la noche
y la volviera iluminada.

Tu voz era una corriente cálida
que deshojaba las paredes
y abría el cielo,
haciendo florecer en nuestro cuarto
las constelaciones de los cuentos.

Entonces, el ardiente infinito
cabalgaba en tu garganta…

Y eras el agua, la ola, la fuente,
el manantial celeste quién contaba
la historia de un tesoro escondido
o de la niña y aquella reina malvada,
de la triste Cenicienta tan sola y abandonada
o de ese gallo Kiriko que su destino olvidaba.

Cada una de tus palabras era una estrella
que alumbraba mi mundo, aún sin palabras.

Sentía el calor de cada uno de tus gestos,
de cada susurro, de cada sentimiento
del hombre que, sin saberlo,
jugaba a cazar estrellas
para entregármelas en forma de cuentos.

Rosa M.ª Badillo Baena
Poesía de mi libro: *Ardiente Infinito*

Introducción

Estimados lectores mi propósito al escribir este libro es poner al servicio de los educadores una serie de actividades para que puedan disfrutar enseñando y, a la vez, los niños y las niñas disfruten aprendiendo. Estas actividades son muy valiosas porque también transmiten entre otros contenidos: el espíritu de superación, la autoestima, el sentido de la vida y la confianza en la evolución.

Estas actividades son fruto de veinte años de práctica en la escuela. Las Madres Narradoras del Proyecto Arco Iris, del que soy coordinadora, las hemos realizado con alumnos y alumnas con edades comprendidas entre seis y once años, obteniendo excelentes resultados. Tanto es así, que en aquellos cursos donde los niños y las niñas presentaban un gran déficit de atención, hemos logrado motivarlos, centrar su atención y que lleven a cabo, disfrutando, las actividades propuestas.

La clave de nuestro éxito ha sido motivar al alumnado utilizando los recursos de la cultura oral para transmitir los conocimientos académicos.

Una de las herramientas fundamentales que utilizamos para enseñar y aprender disfrutando, es la narración de cuentos de sabiduría.

La estructura básica de estos cuentos es:
personaje + conflicto + solución.

El *cuento de sabiduría* siempre nos muestra un camino de evolución. En el cuento, el niño y la niña ven reflejados sus dramas; y a través de ellos pueden reconocer y ordenar su mundo. Y lo más trascendente, el cuento les ayuda a confiar en que pueden superar los obstáculos que se les presentan.

Para diseñar nuestras actividades siempre nos hacemos una pregunta: **¿cómo podemos maravillar a los niños y a las niñas?** Y es tan simple como llevarles unas alpargatas, que se pueden adquirir en una ferretería, semejante a la de los cabreros para que las vean y las puedan tocar. Esto hicimos cuando estudiamos al poeta Miguel Hernández en la actividad: "El poder de las biografías".

¿QUÉ ES EL "PROYECTO ARCO IRIS DE MADRES NARRADORAS"?

El "Proyecto Arco Iris de Madres Narradoras" es un puente que une la milenaria cultura oral con todos los conocimientos más innovadores sobre ciencia, pedagogía y creatividad. Lo formamos un grupo de mujeres pertenecientes a ese movimiento social emergente de madres preparadas, con estudios medios y superiores, que colaboran con la escuela para brindar a los niños, niñas y jóvenes, herramientas útiles que los ayuden a afrontar los retos de la vida.

El Proyecto Arco Iris comenzó en el año 2004, siendo una iniciativa de animación a la lectura, en la puerta del Colegio San Sebastián del pueblo de Mijas.

Un buen día, cuando mis hijos estaban en Educación Infantil, me hice una pregunta: ¿qué puedo aportar yo a la escuela? Enseguida me vino la respuesta: puedo compartir mi colección de cuentos. No eran unos cuentos, sin más; mis cuentos tenían un mensaje de sabiduría y unas ilustraciones maravillosas. De esta manera fui compartiendo mis libros de cuentos con otras madres, quienes a la vez los fueron compartiendo con sus hijos.

La idiosincrasia de esta iniciativa era que cada cuento tenía un sobre en el que aquellos que lo deseaban –tanto niños como padres– iban dejando su opinión escrita sobre el mismo. Lo más motivador era que su contenido podían leerlo todas las familias participantes. Esto propició que este proyecto de animación a la lectura tuviera extraordinarios resultados. Pero, esta biblioteca de calle dejó de serlo por un problema de violencia escolar. Entonces, un grupo de estas madres lectoras se convirtieron después en "madres narradoras" para responder al reto que nos había presentado la vida.

Precisamente, la vida nos había puesto un gran desafío; pero, como siempre, también nos dio las herramientas para afrontarlo. Las madres quisieron aprender a contar los cuentos, y allí estaba yo para enseñarlas. Tenía experiencia como formadora de profesores a los que enseñaba a escribir y contar cuentos. Además, había realizado trabajos de investigación sobre el simbolismo profundo de los cuentos, sabiduría que aplicaba a mis propias creaciones como escritora[1].

Gracias a disponer de este conocimiento, pudimos elaborar una respuesta efectiva a la violencia dándole cuerpo a nuestra alternativa: **la creatividad**. Y fue en la cochera de la casa de una de nuestras compañeras, Susana, donde comenzamos a ensayar. En este mismo lugar y ante el público más exigente –nuestros hijos– representábamos los cuentos. Si a ellos les gustaba, el éxito estaba asegurado.

---

[1] Para profundizar en la sabiduría y el simbolismo profundo de los cuentos, se puede consultar el siguiente artículo de Rosa María Badillo Baena: "La transmisión de valores a través de los cuentos". *Clij*, n.º 162 (2003). En él también se pueden encontrar ejemplos prácticos sobre cómo se utiliza este saber en el aula. Además, este artículo contiene las claves para crear un cuento de sabiduría específico y da las pautas para contar un cuento lleno de magia.

Así, con todo el valor que da el amor, entramos en las aulas para contar *cuentos de sabiduría* y realizar actividades. Las primeras actividades tenían como fin estimular la creatividad como alternativa a la violencia. Pero, a lo largo de los años el Proyecto Arco Iris de Madres Narradoras ha ido ampliando sus **objetivos** y consolidando sus líneas de actuación:

- Transmitir la grandeza humana.
- Descubrir y desarrollar los dones y talentos.
- Promover a los pioneros y pioneras, creadores y creadoras, visionarios y visionarias.
- Usar el poder de las biografías transformadas en cuentos para transmitir el coraje de vivir.
- Propiciar la igualdad y la ecología social.
- Fomentar la educación emocional y en valores.
- Darle un nuevo enfoque al temario escolar para ponerlo al servicio de la Didáctica del Ser.
- Desarrollar las facultades superiores de la inteligencia: inspiración, intuición e imaginación.
- Divulgar los principios de la Física Cuántica.
- Abrirnos a la sinergia y al campo cuántico para potenciar la consciencia grupal a través de creaciones y poesías colectivas.

"Logo del proyecto"

¿Cómo trabajamos?

Nuestra forma de funcionar es muy sencilla. Cuando comienza el curso escolar tenemos una reunión para analizar la problemática y las necesidades del alumnado. Después, elegimos el tema o eje central que vertebrará todas las actividades que realizaremos durante el año escolar y, a continuación, decidimos los cursos o grupos de alumnos en los que vamos a intervenir. Mencionaremos algunos ejes temáticos que hemos tratado y que pueden servir de ejemplo:

– Yo soy capaz.
– La fuerza de la vida.
– La grandeza humana.
– Realiza la maravilla que eres.

Luego, buscamos *cuentos de sabiduría* que estén en consonancia con el tema y sean los apropiados para la edad a las que irán dirigidos. A veces, adaptamos los cuentos y los enfocamos para que transmitan el mensaje que deseamos.

Las madres que participamos en el proyecto, aportamos cada una nuestros talentos para diseñar las actividades. Las más habilidosas con las manualidades crearán desde maquetas, marionetas, disfraces y hasta carteles, para sorprender a los niños y a las niñas. Otras prepararán los cuentos para narrarlos y las actividades.

Lo que todas tenemos muy claro es el objetivo con el que trabajamos: *dar lo mejor de nosotras mismas para el mayor bien de los niños y las niñas*. Esto disipa cualquier deseo de protagonismo o cualquier conflicto de egos.

La dinámica natural del Proyecto es reunirnos dos veces al mes, de nueve a doce de la mañana. La primera reunión la dedicamos a preparar nuestra intervención en la escuela. Además de ensayar los cuentos y perfilar las actividades, realizamos un cuadrante donde consta: el día, la hora y los cursos en los que vamos a actuar. Dicho cuadrante se lo presentamos a quien desempeñe la función de jefe de estudios. Este profesor o profesora lo consulta con los maestros y nos indica si hay que hacer algún ajuste

CUENTOS DE SABIDURÍA

en los horarios. Luego, cuando tenemos el visto bueno a nuestra propuesta, se le comunica a cada madre del grupo el tiempo de su intervención. A este respecto, nuestra comunicación a través de WhatsApp nos facilita mucho la labor.

La siguiente reunión es ya en el colegio para realizar ese día las actividades.

Un punto importante para tener en cuenta es que siempre elegimos una madre de apoyo para cubrir cualquier imprevisto que surja. Esta madre se sabe todos los cuentos por si tiene que sustituir a una madre narradora. En cuanto a la programación, una actividad suele durar de una a dos horas en cada clase, dependiendo de los contenidos que queramos transmitir.

Lo que experimentamos durante todo el proceso de preparación de las actividades y la realización de las mismas es una profunda alegría. Un sentimiento de plenitud nos invade que se expande al recibir las respuestas de los niños y las niñas sobre aquello que les planteamos. Podemos decir que muchos de los frutos los recogemos en el mismo momento de nuestras intervenciones porque vemos los buenos resultados de las actividades.

LA "DIDÁCTICA DEL SER" EN LA ESCUELA

La Didáctica del Ser es una propuesta para trabajar con los cuentos que expuse de forma teórica en mi libro: *Cuentos para delfines. Autoestima y crecimiento personal* publicado por la editorial Narcea en el año 2000 y que ha tenido varias ediciones hasta el presente. Lo que hemos hecho las Madres Narradoras a través de nuestro proyecto es llevar a la práctica el contenido expuesto en el libro, durante veinte años en la escuela[2].

Consiste en presentar a los niños y niñas un estímulo en forma de historia, puede ser un cuento de sabiduría o bien el relato de una biografía. Después les proponemos una actividad para que ellos respondan con lo más genuino de su ser.

Estas actividades están especialmente diseñadas para abrir todas las puertas a su creatividad, a sus emociones, a sus sentimientos y pensamientos. La finalidad es que puedan expresar lo que tienen dentro y que sus talentos puedan desarrollarse.

Dando luz al temario escolar

Lo más interesante de estas actividades es que los niños trabajan los temas que se están dando en clase desde una perspectiva

---

[2] La base de la Didáctica del Ser, que es la que hemos puesto en práctica, la podéis encontrar en el libro de Rosa María Badillo Baena: *Cuentos para delfines. Autoestima y crecimiento personal* (Narcea Ediciones, 4ª ed. 2014).

diferente; como nosotras decimos: *dando luz al temario*. Por poner un ejemplo, y haciendo referencia a una de las actividades que se describe en este libro, abordamos, por ejemplo, *el ciclo del agua* contando un cuento, y proponemos al alumnado vincular el agua con el valor de la gratitud. Después, pedimos a los niños y niñas que hagan murales con las diferentes etapas del ciclo del agua, y les sugerimos títulos tan atractivos como *manantial de agradecimiento* o *lluvia de agradecimiento*. Les invitamos a pintar en los murales la etapa del ciclo del agua que les ha tocado; además, les indicamos que escriban alguna nota a aquellas personas o seres vivos a quienes ellos están agradecidos, dentro del mural.

De este modo aprenden, e integran la gratitud hacia las personas que les rodean y hacia al medio natural.

El poder de las biografías

Otra de las actividades que hemos recogido aquí, y que es esencial para favorecer el desarrollo de los niños y niñas, es ayudarles a descubrir e identificar sus dones y talentos para que encuentren su vocación.

Para lograr este fin hemos mostrado en una de nuestras actividades el *poder que tienen las biografías*. Es evidente que las historias de vida sirven para activar los dones y talentos dormidos en la infancia, porque no hay nada mejor que verse en el espejo de otros para comprender qué nos mueve por dentro. Además, esta es otra forma maravillosa de *dar luz al temario* y de penetrarlo de humanidad; de convertir los nombres de seres extraños que inundan los textos en personas cercanas, de carne y hueso.

Se pueden desgranar las biografías de creadores y creadoras, científicos y científicas, que han hecho avanzar a la humanidad, en todas las asignaturas[3], incidiendo en su infancia y/o en los

---

[3] A la hora de abordar una biografía en clase, con la intención de que sea interesante y educativa para el alumnado, *podemos destacar cinco aspectos de la vida del personaje: 1. Fortalezas y recursos. 2. Retos y desafíos. 3. Giros del destino. 4. Respuesta y evolución. 5. Grandes logros y contribución a la humanidad.*

retos y dificultades que tuvieron que superar. Todo, con objeto de transmitir al alumnado que ellos también pueden ser capaces de realizar lo que se propongan[4].

Las facultades superiores de la inteligencia

Quiero señalar también que, entre las actividades que aquí se presentan hay varias que apoyan el desarrollo de la *inteligencia racional* y concreta, como son el poder de la palabra o enseñar a transformar lo negativo en positivo. Pero, también hemos contemplado cómo desarrollar las facultades superiores de la inteligencia, pertenecientes a la *inteligencia abstracta*, como son:

- La inspiración
- La intuición
- La imaginación

Capacidades que todos tenemos y que hoy, más que nunca, deben ser potenciadas en la escuela para preparar el terreno fértil donde crezcan los pioneros y pioneras, los visionarios y visionarias, que tanto necesita nuestra sociedad. Sin duda, integrar la razón y la intuición facilitará a los jóvenes el abrir nuevos caminos con el fin de que evolucione la humanidad[5].

REDES DE VIDA

Cuando entramos a la clase un mar de ojos nos miraban. Brillaban en ellos las estrellas de la inocencia, de las ganas de descubrir y aprender,

---

[4] Por otro lado, si queremos transformar una biografía en cuento podemos encontrar las claves en el artículo de Rosa María Badillo Baena: "La grandeza humana como punto de referencia para construir la autoestima en la escuela". *Libro Abierto*, n.º 33 (2010).

[5] Para saber las características de la intuición y cómo desarrollarla, véase la obra del psicólogo Antonio Blay Fontcuberta: *La personalidad creadora*. (Editorial Índigo, 1993). Consulta también el libro de la neurocientífica Ana Asensio: *Escucha a tu intuición* (Roca Editorial, 2025).

de la ternura, de la creatividad, de la inteligencia y la imaginación. Los niños y las niñas parecían que nos preguntaban:

— *¿Qué tenéis, hoy, para nosotros?*

— *Venimos para que descubráis la maravilla que sois. Tenéis que saber que sois muy valiosos, útiles y necesarios. Que vosotros podéis y sois capaces de aportar a la red de la vida vuestras capacidades, vuestros dones y talentos; y la vida os lo devolverá multiplicado.*

Quiero señalar que ese día lo que más les gustó a los maestros y maestras que estaban presentes en la actividad, fue cuando mostramos a los niños y a las niñas cómo funcionan las Redes de Vida. Efectivamente, si desde el lugar que ocupamos, vamos aportando lo mejor de nosotros mismos a la estructura inmanente de la vida, nuestra aportación enriquece a toda la red. Y la energía de la vida nos devuelve lo que hemos aportado por otro punto; quizás, por el que menos esperamos. Para que lo entiendan muy bien pintamos en la pizarra un dibujo similar al de una tela de araña[6].

Las Madres Narradoras del Proyecto Arco Iris les explicamos a los niños y a las niñas con esta sencilla metáfora pictórica, que son muchos los elementos que intervienen en la configuración de una realidad o familia, escuela, amigos, personas de otros lugares... los vamos nombrando y señalando en el dibujo de la araña. Les insistimos en que todos estamos interconectados, igual que los puntos de la tela de araña, los componentes de un ecosistema o las células en un cuerpo humano. Este principio que ha sido demostrado por la Física Cuántica[7], ya fue intuido por el movimiento regeneracionista español. Movimiento que nació

---

[6] En Google podemos encontrar el modelo que más nos guste, simplemente poniendo: dibujos de telas de araña. Lo importante es que los puntos de conexión se vean claramente.

[7] Para el desarrollo de la consciencia, Gonzalo Rodríguez Fraile en su libro: *Un nuevo paradigma de la realidad*, publicado por Editorial Fundación, analiza detalladamente los descubrimientos que está haciendo la ciencia actual en este sentido. Entre los científicos más importantes que respaldan con sus investigaciones estos avances, está el Premio Nobel de Física de 2022, Anton

como respuesta a la crisis finisecular de la España de finales del siglo XIX y principios del XX, el cual concebía la sociedad como un cuerpo social. Su ideario lo compartían muchos maestros y maestras del país. Entre ellos podemos destacar a Suceso Luengo de la Figuera, que fue directora de la Escuela Normal de Maestras de Málaga (1900-1910) y que estuvo como profesora en su plantilla hasta 1931. La misma figura femenina que homenajeamos en una de nuestras actividades por su carácter pionero[8]. La biografía de Suceso Luengo, contada en forma de monólogo, se encuentra en el Anexo 8 (p. 116) de este libro.

Lo cierto es que tanto los niños como los maestros sienten una gran motivación al comprender el funcionamiento de las *redes de vida* porque entienden que lo que hacen tiene un valioso sentido. En concreto, los educadores y educadoras se dan cuenta de lo importante que es su trabajo y el poder que tienen de dejar una huella favorable en sus alumnos para que realicen su camino en la vida.

Zeilinger. Este autor afirma que: "La realidad está cosida con hilos invisibles que van más allá de lo corpóreo".

[8] Para más información sobre el movimiento regeneracionista podemos consultar el libro de Rosa María Badillo Baena: *Feminismo y educación en Málaga: el pensamiento de Suceso Luengo de la Figuera*. Málaga (Universidad de Málaga, Colección Atenea, 1992).

*Debido al éxito tan significativo que ha tenido transmitir esta idea, se nos ha ocurrido introducir cada actividad con una experiencia donde se pone de manifiesto **cómo funcionan las Redes de Vida**.*

Para finalizar, os invitamos a ir imaginando los puntos que se activaron en esa red para que Wangari, una niña africana nacida en 1940, en una familia muy humilde de una aldea de Kenia, pudiera ganar el Premio Nobel de la Paz. Ella fundó el Movimiento Cinturón Verde que logró plantar más de treinta millones de árboles en su país y en las naciones colindantes. La respuesta la encontraréis aquí, en una de nuestras actividades (ver p. 71 y ss.) cuyo nombre ya nos indica un camino: "Ponernos al servicio de la vida"!

Ese es nuestro propósito escribiendo este libro.

CARACTERÍSTICAS Y APLICACIONES DE LA OBRA

Este libro es una *Guía Didáctica Abierta*, es un estímulo para seguir ampliando la Didáctica del Ser. Está dirigido a profesoras y profesores, a monitores y monitoras que trabajan en otros sectores de la educación, a padres y madres que deseen crear un proyecto similar, y también a maestros y maestras jubilados que sigan anhelando seguir en contacto con los niños y niñas para transmitirles su saber.

Las actividades que he escogido para presentar aquí son un botón de muestra de nuestras diferentes líneas de trabajo. Las he agrupado en torno a tres grandes bloques de Actividades que dan título a las tres partes que conforman el libro:

- ▨ BLOQUE 1. **Actividades. Reconocimiento y valoración.**
- ▨ BLOQUE 2. **Actividades. Dar luz al temario. La palabra creadora.**
- ▨ BLOQUE 3. **Actividades. Dones y talentos.**

Cada bloque está formado por tres actividades que se han llevado a la práctica con excelentes resultados por parte del alumnado. Cada actividad tiene su *Título* y está encabezada por un pequeño relato que nos muestra *Cómo funcionan las Redes de Vida en la escuela*, como ya indicamos en el apartado anterior. Luego, se indica las *edades* a la que va dirigida, la *duración* prevista para la actividad y los *objetivos* que se quieren conseguir. También se reseña el cuento que va a ser narrado para apoyar la actividad y se adjunta un *pequeño resumen del cuento*.

Para facilitar la labor del docente se especifican los *Materiales necesarios* para contar el cuento y se dan las *Claves para narrarlo* con el fin de maravillar a los niños y a las niñas. Después se detalla la *Propuesta de actividad* que se le hizo al alumnado y se describe el *Desarrollo* de la experiencia didáctica, junto con sus *Resultados*.

Además, se añade un apartado muy interesante al que hemos llamado: *Puerta Abierta*, ya que nuestras expectativas no solo se cumplieron con la actividad, sino que llegó a abrir nuevos caminos, que no habíamos contemplado previamente.

Por último y para cerrar cada actividad hemos creado un apartado que nos parecía muy necesario y al que hemos titulado: *Observación*, donde se sintetiza lo que hemos descubierto y aprendido con esta experiencia.

Podemos decir que cada actividad da forma a un capítulo de la obra junto con los **Anexos** donde se recogen materiales necesarios para llevarla a cabo. Pueden ser cuentos inéditos, poesías que se han adaptado, la partitura de una canción o el monólogo de una de las protagonistas de las actividades, que narra su vida en forma de cuento.

Estas actividades se pueden realizar con otros grupos de edad, además de las indicadas en el libro. De hecho, se han experimentado con jóvenes, en Institutos de secundaria, dando muy buenos resultados. También, algunas de ellas, se han realizado con personas mayores.

Sin duda, estoy segura de que los educadores que las vayan a poner en práctica sabrán mejor que nadie la manera de adaptarlas a los grupos con los que estén trabajando. A ellos les deseo que disfruten de la experiencia y del *proceso de enseñar aprendiendo*.

Por último, a quienes realicen estas actividades les doy las gracias por seguir transmitiendo los valores que estas promueven. Entre ellos la creatividad, la gratitud, el respeto, la valoración, la belleza, la esperanza, la autoestima, la cooperación, el espíritu de superación, la confianza y la sabiduría.

Gracias, desde lo más profundo de mi ser, por pasar el testigo de valores esenciales de la Humanidad.

Os deseo lo mejor, ¡ADELANTE!

Reconocimiento y valoración

1. El jardín del corazón
Por qué caen pétalos del cielo
de Teresa Gil Castillo

2. La pelota mágica
La vaca que puso un huevo
de Andy Cutbill

3. Pintando la belleza
Flor de gorrión
de Rosa María Badillo

1. El jardín del corazón

REDES DE VIDA: LA OPORTUNIDAD

Aquel día le propusimos a un grupo de alumnas y alumnos de sexto de Primaria (11 años) que crearan un cuento inspirado en una bellísima ilustración que les habíamos repartido. A Juanfra le tocó una de un caracol. ¿Qué escribiría un niño que era un espíritu libre, capaz de decir que estaba aburrido en clase o de preguntar lo más insospechado? Juanfra, que había sido diagnosticado de hiperactivo, esa mañana nos sorprendió a todos cuando compartió la historia que había creado. Su protagonista era Maestro Caracol que enseñaba a todos lo bueno que era *ir despacio*.

A las madres del Proyecto Arco Iris nos encantó su narración. Tanto fue así que se nos ocurrió contar su cuento en Educación Infantil y realizar una actividad. Incluso fuimos más allá: hablamos con Rosa, la jefa de estudios, para que dejara asistir a Juanfra a esta sesión. Rosa sabía muy bien lo beneficioso que sería para él sentirse valorado y reconocido en el colegio.

Nos llamó la atención que Juanfra durante la actividad no asumiera un papel protagonista, por el contrario, se volcó en ayudar a los más pequeños, animándolos como nosotras. ¡Qué felices fuimos ese día! Se disolvieron las barreras entre cursos, en aras del bien común. Y este milagro fue posible gracias a la colaboración de madres, profesores, alumnos y alumnas.

NOMBRE DE LA ACTIVIDAD: *El jardín del corazón*

EDAD A LA QUE VA DIRIGIDA LA ACTIVIDAD: De 8 a 11 años.

DURACIÓN: 1 hora

OBJETIVOS:

➤ Enseñar a agradecer lo que tenemos.

➤ Inspirar a los niños y a las niñas para que puedan decir: "tengo lo que necesito" y "es suficiente".

CUENTO DE APOYO: *Por qué caen pétalos del cielo.* Autora: Teresa Gil Castillo. (Cuento completo en Anexo 3, p. 107)

RESUMEN DEL CUENTO

La protagonista es Azucena, una niña que no sabe lo que es el Amor y se va a recorrer mundo para hallar la respuesta. En una fuente se encuentra con un hada que le pregunta el motivo de su caminar. Ella le dice lo que busca y el hada la cita en el mismo lugar, tres días después, para concederle tres deseos si encuentra la respuesta.

En el camino conoce a un ciego, un huérfano y una anciana tejedora que le enseñan a valorar lo que tiene. Cuando nuevamente se encuentra con el hada, la pequeña le asegura que ya sabe lo que es el Amor. Por eso, se siente tan feliz y no necesita nada. Sus deseos son: unos ojos para un ciego, unos padres para un huérfano y unas piernas sanas para una anciana.

De esta manera, el hada también encuentra su respuesta: es posible la solidaridad y la hermandad en la tierra. En ese momento caen pétalos del cielo.

MATERIALES NECESARIOS PARA CONTAR EL CUENTO

o Una silla pequeña de pupitre

o Una silla grande que puede ser donde se sienta la profesora, la misma que se pondrá en un lugar visible de la clase para que se vea todo el cuerpo de la narradora cuando se sienta.

○ Unas agujas de tejer lana.

○ Un ovillo de lana grande de un color llamativo y que pueda rodar fácilmente.

○ Una bolsa con pétalos o con hojas secas.

CLAVES PARA NARRARLO Y MARAVILLAR A NIÑOS Y NIÑAS

1. Ponerle un nombre atractivo al personaje de la niña. Le pusimos el nombre de AZUCENA.

2. Cada uno de los personajes que se encuentra Azucena en el camino tiene posibilidades de que la narradora los interprete.

   – EL CIEGO: Ir dando palos de ciego por la clase. La narradora va expresando la congoja del ciego, la queja de no poder ver pasando entre las filas como si tuviera un bastón.

   – EL HUÉRFANO: La narradora se sube en lo alto de una silla de la clase que simula el montículo del que el huérfano tiene que bajar. (Qué niño o qué niña no tiene ganas de subirse en lo alto de una silla. Este efecto capta toda la atención de la clase).

   – LA ANCIANA TEJEDORA: La narradora tiene preparadas unas agujas de punto y ovillo de lana de un color llamativo en una bolsa. Los colores son muy importantes; por eso elegimos un color azul turquesa precioso. Cuando cuenta la historia de la anciana impedida se sienta en una silla alta, que previamente ha preparado. En un momento de la narración mientras simula que teje, tira el ovillo lo más lejos posible, y le pide a Azucena que vaya a recogerlo. ¿Dónde cae el ovillo?... En ese momento todos los niños y las niñas siguen el ovillo, y todos sienten que son Azucena.

3. Y para terminar añadimos un efecto con el objetivo de que el final fuera apoteósico.

Este es el instante que aprovechamos para causar el máximo asombro en nuestros oyentes. Para ello, dejamos caer sobre sus cabezas hojas secas que simulan los pétalos que llueven del cielo.

DESARROLLO DE LA ACTIVIDAD

Propuesta: Propusimos a los niños y niñas que hicieran un regalo de plastilina para Azucena.

Materiales: Repartimos a los alumnos y alumnas plastilina de colores.

Experiencia: Los niños y niñas se volcaron en la actividad. Hay que destacar que nos sorprendieron integrando en sus creaciones los pétalos de hojas secas que dejamos caer sobre sus cabezas. De pronto, las orejas del hipopótamo que había creado una niña eran dos hojas, las que habían caído sobre su mesa.

PUERTA ABIERTA

La actividad continuó, se abrió una puerta y la imaginación comenzó a volar. El amor que se despertó en todos los presentes por los deseos que había pedido Azucena, se fue manifestando como una onda que nos atravesaba. De tal manera que la actividad fue creciendo:

1. Los niños y las niñas hicieron creaciones tan bonitas que les invitamos a que nos dijeran lo que habían creado y lo mostraran a los del grupo. Cada uno se puso delante de los demás y nombró su regalo:

   – Una seta gigante.

   – Una pelota de oro.

   – Un río.

   – Una mantita caliente…

   Después explicaron el motivo de su creación.

|

2. Se nos ocurrió, junto con la maestra, que hicieran una EXPOSICIÓN. Para tal fin se dispuso una mesa grande al final de la clase donde se expusieron los trabajos.

3. La exposición tomó forma, se convirtió en un jardín: EL JARDÍN DEL CORAZÓN. Así lo llamamos, por todo al amor que había allí materializado y el bello colorido que desprendía el conjunto.

4. Al concluir, me sentía tan llena, tan agradecida por lo que los niños y niñas habían creado que hice una poesía, donde recogía algunos de los regalos de plastilina que fueron creados. (La poesía: *El jardín del corazón*, está en el Anexo 4. p. 110)

5. Las fuerzas creadoras de la vida siguieron actuando… Y la maestra hizo una maravillosa fotocomposición, incluyendo la poesía e ilustrándola con obras de los niños y niñas.

OBSERVACIÓN

Sí, de todo aquel bello cuento surgió UN PRECIOSO JARDÍN DEL CORAZÓN, que quedó plasmado en magníficos materiales creados por la maestra.

Todo esto nos enseña que hay que seguir la energía del dar, cuando nace de un estímulo, y seguirla hasta donde nos lleve. Pues la inteligencia infinita de la vida puede mostrarnos cosas maravillosas que nos llenen de asombro.

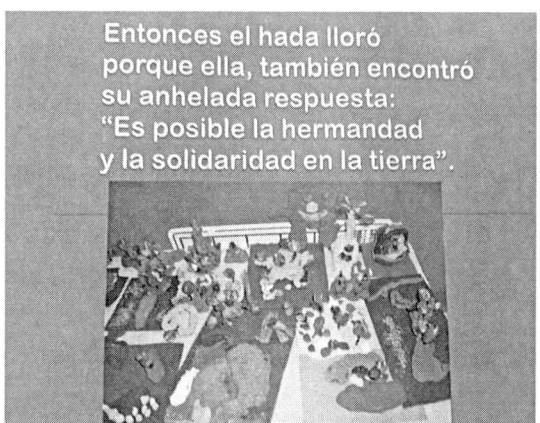

2. La pelota mágica

REDES DE VIDA: EL OVILLO DE LANA

La directora del colegio nos había advertido de que aquella clase era la más difícil. Eran alumnos y alumnas a los que les costaba mucho prestar atención y estar sentados.

Se me ocurrió realizar con ellos la actividad de la pelota mágica. Con una particularidad, me llevé un ovillo de lana color celeste, cuyo hilo me sirvió para crear una red de vida que se podía ver y tocar. Fue tejiéndose a la par que cada niño y cada niña se autorreconocía y, después, reconocía a un compañero o compañera. Luego, tenía el privilegio de coger ese hilo y sujetarlo a su muñeca con una vuelta para que no se pudiera soltar.

Para asombro de los mayores, que estábamos presentes, los niños y niñas estuvieron sentados y callados. Estaban totalmente atentos a lo que un compañero decía de otro. Pudimos comprobar que los alumnos de aquella clase se conocían profundamente.

Incluso los que no tenían palabras para reconocerse fueron ayudados por otros y fueron valorados.

Un silencio respetuoso brotó del grupo durante toda la actividad, que se acrecentó cuando reconocieron a sus maestras. El ovillo de lana hizo visible los vínculos que había entre el alumnado.

Para finalizar mostramos a la clase que esa red de vida que habían tejido se extendía de forma invisible a sus familias. Según la Pedagogía Sistémica, ellos también estaban allí como puntos en esa red que los protegían y sostenían. Ese día terminamos nuestra intervención con una frase que surgió del grupo y que fue un verdadero regalo: *La confianza es el camino de la curación.*

NOMBRE DE LA ACTIVIDAD: *La pelota mágica*

EDAD A LA QUE VA DIRIGIDA: A partir de 7 años y para cualquier edad, incluidos jóvenes y adultos.

DURACIÓN: Una hora.

OBJETIVOS:

➤ Desarrollar la autoestima en el alumnado.

➤ Reconocer nuestros valores y capacidades, y reconocer las cualidades de otros.

➤ Fomentar los lazos de unión y de apoyo mutuo en clase.

➤ Disolver la envidia.

CUENTO DE APOYO: *La vaca que puso un huevo* (Autor: Andy Cutbill. Ilustrado por Russell Ayto. Editorial RBA).

RESUMEN

Macarena es una vaca que no tiene autoestima y está triste. Sus amigas las gallinas idean un plan para sacarla de su pesadumbre. A la mañana siguiente se encuentra, para su sorpresa, con que ha puesto un huevo.

Este hecho atrae a la prensa y despierta la envidia de las demás vacas. Macarena se dedica a empollar el huevo, animada por las gallinas. Las otras vacas la acusan de impostora.

Pero, cuando nace el pollo, para asombro de todos, lo primero que dice es: ¡Muuuu…!

MATERIALES PARA CONTAR EL CUENTO

o Un micrófono

o Periódicos

CLAVES PARA NARRARLO Y MARAVILLAR A NIÑOS Y NIÑAS

Este cuento que está escrito con rima tiene de por sí un ritmo para ser narrado que ya atrapa la atención. Pero, podemos llevarnos un micrófono y, emulando a la rueda de prensa que dan los granjeros, preguntar a los niños y niñas qué les parece que una vaca ponga un huevo.

Quién narra la historia va preguntando por la clase para implicar al grupo. Luego, en el momento en que las vacas buscan información para acusar a Macarena de fraude, la narradora puede sacar los periódicos y simular que busca una noticia sobre el hecho de que una vaca haya puesto un huevo.

DESARROLLO DE LA ACTIVIDAD

Propuesta

1. El maestro o maestra dice a la clase que tiene una pelota mágica en sus manos. Es mágica porque es invisible. Así pues, simula con sus manos que tiene un balón a la altura del corazón. Mientras sostiene la pelota hace dos cosas:
   - Se reconoce a sí mismo o a sí misma. Nombra varias de sus cualidades y talentos.
   - Luego, se dirige a un alumno o alumna, dice su nombre y describe algunas de sus cualidades personales, capacidades o talentos.

2. A continuación, le tira la pelota al alumno o alumna que ha reconocido y este tiene que hacer lo mismo, a la vez que sujeta la pelota se reconoce y después reconoce a un compañero o compañera, al que tirará la pelota para seguir el juego.

3. Si en un momento dado el alumno o alumna no sabe reconocer sus cualidades, el maestro o la maestra recurrirá a la clase para que, entre todos, reconozcan al compañero o la compañera.

4. La actividad termina cuando lo decida el profesor o la profesora.

Materiales

- Lo único que se necesita es simular que se tiene una pelota en las manos. Es una pelota simbólica que usamos como punto de apoyo imaginario para realizar la actividad. No utilizaremos una pelota real para evitar golpes inesperados.

Experiencia

Me invitaron a una actividad cultural en la Biblioteca de Los Boliches (Fuengirola-Málaga). Estaba totalmente convencida de que iba a un recital de poesía para mayores. Cuando entré en la sala, para mi sorpresa, observé que se estaba realizando un cuenta-cuentos. De esta forma descubrí nuestro cuento estrella de ese año escolar. La narradora estaba contando: *La vaca que puso un huevo.*

Para realizar la actividad nos planteamos introducir en clase la palabra **autoestima**. Pero, para hablar de ella, primero tenemos que saber qué significa esta palabra:

> **Autoestima es amarme y aceptarme tal como soy.**
> **Cuidarme y valorarme**
> **para construir mi vida sanamente.**

Para tratar el tema de la autoestima sugiero que partamos de una de las primeras imágenes del cuento: Macarena, la vaca protagonista, no tiene autoestima porque no puede subir en bicicleta. Este deseo, ya señala un camino hacia la frustración y nos puede llevar a la tristeza como a Macarena. Efectivamente, esto suele suceder cuando queremos algo que es imposible que podamos realizar.

Entonces, le planteamos a los niños y a las niñas la siguiente cuestión:

— "¿No os parece más correcto que enfoquemos nuestra atención en descubrir lo que somos y los talentos que tenemos para desarrollarlos?".

Abrimos paso a sus respuestas.

Luego, les sugerimos que la actitud más saludable es centrar nuestra atención en descubrir nuestras cualidades y capacidades. A continuación, les planteamos otras preguntas:

— "¿No os parece absurdo que algunas personas estén centradas en mirar y anhelar lo que tienen los demás?".

Y la última pregunta, que puede servir para desarrollar la visualización:

— "¿Te imaginas abandonando tus propios tesoros para poner tu atención en los tesoros de los demás?".

Pues, precisamente, esta actividad errónea es la que origina la **envidia**, que no es otra cosa que la ignorancia de uno mismo o una misma, y que genera tanto sufrimiento en los seres humanos. La misma que impide y bloquea el crecimiento de los pueblos.

Tras exponer estas ideas, animamos a los niños y niñas a reconocer sus cualidades, sus valores, sus capacidades y, después, a reconocer los de los otros compañeros y compañeras, que están realizando la actividad. A la vez, fuimos apuntando en la pizarra los adjetivos que los niños iban empleando:

✓ *Valiente*
✓ *Divertido*
✓ *Optimista*
✓ *Activa*
✓ *Feliz…*

Lo que no podíamos imaginarnos es que en una clase donde realizamos la actividad, los niños y niñas de siete años pudieran usar los siguientes adjetivos: *poderosa, compasiva, amorosa…*

Al hilo de lo sucedido se nos ocurrió abrir un camino en las clases de lengua: depositar en una cesta *adjetivos al servicio de la vida* y dejarlos allí depositados para utilizarlos creando hermosas frases cuando los ánimos desfallecieran.

PUERTA ABIERTA

El desarrollo de la actividad en cursos donde el alumnado tenía más de 11 años se fue enriqueciendo, ya que pedimos a los chicos y chicas que reconocieran sus talentos, además de sus valores y cualidades. La actividad también sirvió para mitigar el individualismo y crear vínculos entre el alumnado.

Precisamente, en un curso de adolescentes de 14 años donde no había unión en el grupo, los compañeros y compañeras reconocieron las profesiones a las que se podían dedicar algunos miembros de la clase, que no sabían hacia dónde dirigir sus pasos ni qué estudios elegir. El grupo se había percatado de los valores y los talentos de los individuos que lo componían e hizo de sostén y apoyo de sus miembros. Una joven hasta lloró al ser reconocida por sus compañeros y compañeras.

También queremos señalar que empleamos esta actividad en los distintos Centros de Profesores (CEP) de la provincia de Málaga, cuando fuimos invitadas a dar una ponencia sobre nuestra trayectoria, siendo los maestros y maestras los protagonistas de la misma. Efectivamente, la actividad de la pelota mágica facilitó que se creara un buen clima entre el profesorado.

OBSERVACIÓN

Esta actividad da mucho juego. Lo que observamos cuando la aplicamos en una clase es que sube el nivel de energía. Los alumnos y alumnas pasan de la apatía a estar interesados, y se despierta en ellos la motivación y la alegría.

Nos percatamos de que el autorreconocimiento y el reconocimiento facilitaban que todos estuvieran mucho más presentes y abiertos al aprendizaje.

I. ACTIVIDADES. RECONOCIMIENTO
Y VALORACIÓN

3. Pintando la belleza

REDES DE VIDA: LA BUENA MIRADA

Encarni, me contó lo que le había pasado a su hijo de seis años. Pablo llegó del colegio muy triste porque su maestra le había dicho que el dibujo que había pintado era muy feo.

Este comentario dejó una impronta de desaliento en el chiquillo, que apagó su luz. Pero, Encarni, con los recursos que da el amor, de inmediato supo reparar el daño ocasionado con estas palabras sanadoras: "Hijo mío, lo que ha pasado es que tu maestra se ha olvidado, hoy, en su casa las gafas de la belleza y no ha podido ver el dibujo tan bonito que has pintado". Enseguida el niño volvió a sonreír, lo que apaciguó el corazón de su madre, que había acertado con la medicina.

Desde entonces, nunca olvido ponerme las "gafas de la belleza" cuando realizaba actividades en la escuela.

NOMBRE DE LA ACTIVIDAD: *Pintando la belleza*

EDAD A LA QUE VA DIRIGIDA: De 6 a 8 años.

DURACIÓN: 1 hora

OBJETIVOS:

➤ Mostrar la belleza

➤ Desarrollar la confianza y la autoestima

➤ Reconocer las emociones: el miedo, la alegría y el amor

➤ Expresar las emociones en su lenguaje corporal

CUENTO DE APOYO: *Flor de gorrión* (Autora: Rosa María Badillo Baena. Cuento completo en Anexo 5, p. 111)

RESUMEN:

Lucía va paseando por el campo y descubre una flor que vive en una piedra. Se maravilla de su belleza y le dice lo preciosa que es. La flor, por primera vez, se da cuenta de sí misma, porque siempre había estado pendiente de la roca donde nació. Toda su existencia estaba enfocada en el miedo a perder la vida por no tener suficiente tierra para crecer.

Al liberarse del miedo, dedica su energía a descubrir la belleza que le rodea. Comienza a disfrutar de todos los colores y escucha el canto de los pájaros. Desde ese instante se enamora de las aves que le parecen seres mágicos. Entonces la florecilla se atreve a pedirle un deseo a Madre Naturaleza y se convierte en un gorrión.

En una de sus aventuras el pajarillo llega a la plaza de un pueblo y allí reconoce la voz de Lucía, la niña que fue su hada madrina sin saberlo. El pajarillo, con corazón de flor, encuentra la manera de expresarle su agradecimiento y todo su amor.

MATERIALES NECESARIOS PARA CONTAR EL CUENTO

o Un pajarito ficticio que se puede comprar en una tienda y al que se le puede poner un palito para que se vea mejor.

I. ACTIVIDADES. RECONOCIMIENTO Y VALORACIÓN

○ Se puede elaborar como trabajo manual una nube de pájaros. Con un papel de cartón pluma se elabora una figura grande en forma de nube y se pinta de celeste. Luego, en otro papel, se dibujan pajaritos que se pintan de distintos colores. Para terminar, se recortan y se pegan en la nube. Si queremos manejar con soltura la nube de pájaros le podemos pegar una regla por detrás, que sobresalga por abajo para sujetarla con la mano. Así podemos mostrarla y llevarla por toda la clase fácilmente.

CLAVES PARA NARRARLO Y MARAVILLAR A NIÑOS Y NIÑAS

1. Cuando comienza el cuento los niños y niñas van a sentir el efecto mágico de las palabras de Lucía sobre la flor. Porque vamos a animar a que un compañero o compañera le diga al oído al que está a su lado: "¡Qué preciosa eres!" o, "¡qué precioso eres!".

2. Vamos narrando el cuento y cuando llegamos a la parte en que la flor estaba cerrada a la vida porque tenía mucho miedo, invitamos a los niños y a las niñas a que se cierren como una flor. Después, cuando lleguemos al momento en que la flor se sentía llena de alegría al verse rodeada de la belleza de los colores, los invitamos a que expresen su alegría. A ser posible que expandan sus brazos y sus manos, abran su pecho y su corazón.

3. Luego, al describir los colores, les preguntaremos dónde han visto ellos esos colores. En ese instante se crea en la clase un clima de gran participación y entusiasmo al compartir lo que saben.

4. Retomamos su atención y cuando la flor se transforma en gorrión, los sorprendemos a todos mostrándoles nuestro pajarito ficticio. Después, lo vamos posando sobre las cabecitas, en el hombro de algunos niños y niñas, y, por último, en ciertos lugares de la clase. Mientras vamos narrando lo que va sucediendo en la historia.

Otro efecto sorpresa es mostrarles la nube de pájaros a la que se une el gorrioncillo. Disfrutamos enseñando la nube de pájaros y nos paseamos por la clase para embelesar a nuestros oyentes.

5. El punto culmen del cuento es cuando el pajarillo se encuentra a Lucía en la plaza del pueblo. Aquí, hay un gesto entrañable que podemos hacer con nuestro pajarito ficticio: emular la caricia que le dio el gorrión a Lucía en su manita. Simplemente tenemos que pasar el cuerpecito del pájaro por las manitas de algunos niños y niñas. Después les pedimos que cierren los ojos y sientan el amor del pajarillo como si ellos y ellas fueran Lucía.

6. Para finalizar, con palabras muy sentidas e inspiradoras, a ser posible con los ojos cerrados y los brazos abiertos, imitamos a ese pajarillo cuya felicidad lo lleva a fundirse con el infinito y a brillar como una estrella.

DESARROLLO DE LA ACTIVIDAD

Propuesta

Propusimos a los niños que pintaran una cosa bonita, una cosa bella que hubiera en su vida. Podía ser que la vieran de camino al colegio o que estuviera en su casa. Lo importante era que cuando la vieran, se llenara su corazón de una profunda alegría. Luego, tenían que pintarse ellos mismos a su lado, con su color preferido.

Materiales

Cada niño o niña dispondrá de un folio en blanco y lápices de colores.

Experiencia

Hay que dejar que los niños y las niñas interpreten lo que escuchan, dejar que les lleguen las palabras como si fuera música y, luego, que expresen su alma.

¿Qué era la belleza para ellos y ellas? Durante el desarrollo de la actividad, nos sorprendió que asociaran la belleza con el amor. Para una niña lo más bello era su madre que la esperaba en casa; para otro era su perro o un gato que veía en la calle. Todos estaban entusiasmados y tenían unas enormes ganas de mostrar su creación y de explicarla.

PUERTA ABIERTA

Se nos ocurrió terminar la actividad con un *autoabrazo*. Sí, cada uno y cada una se tenían que dar un enorme abrazo por lo bien que habían hecho la actividad. Las caritas resplandecían de satisfacción. Después, comenzaron a levantarse y espontáneamente, algunos alumnos y alumnas, nos regalaron sus dibujos. Como colofón un niño nos dijo: "Yo soy el arco iris".

OBSERVACIÓN

Observamos la gran necesidad que tenían los niños y las niñas de participar en clase. Su gran disposición a responder a las preguntas y a recrear su mundo.

La profesora se sorprendió de la entrega y participación de algunos alumnos extranjeros que se habían incorporado recientemente a la clase y que no se comunicaban. Con esta actividad se abrieron a mostrar su mundo interior y uno de ellos nos regaló su dibujo. La maestra se quedó totalmente asombrada.

Dando luz al temario: La palabra creadora

4. El poder de las biografías: Miguel Hernández

La vida y la poesía de Miguel Hernández
de Rosa Navarro Durán

5. El ciclo del agua: La gratitud

Aventura de una gota de agua
de Begoña Ibarrola

6. El poder de las palabras

Orejas de mariposa
de Luisa Aguilar

4. El poder de las biografías: Miguel Hernández

REDES DE VIDA: LAS ALPARGATAS DE CABRERO

Le había pedido a la mujer de un cabrero, unas alpargatas de su marido para hacer la actividad de Miguel Hernández; pero, siempre se evadía y no me las llegó a prestar. Pasó algún tiempo y un día veo venir a mi amiga Sagrario por una calle, desde lejos. Con mucha alegría y en voz alta me dijo: "Te quiero regalar una cosa que sé que te va a gustar más que unos zarcillos". Esperé a que llegara hasta donde yo estaba y le pregunté: "¿El qué?, su respuesta no se hizo esperar: "Unas alpargatas de cabrero".

Al escuchar aquellas palabras se me llenó el alma, ¡cómo me conocía! Mi amiga hizo mi sueño realidad. Ella tenía una ferretería y se había enterado de lo que yo andaba buscando y me las regaló. Además, eran inmensas, maravillosas e ideales para desarrollar la actividad que teníamos preparada.

NOMBRE DE LA ACTIVIDAD: *El poder de las biografías: Miguel Hernández*

EDAD A LA QUE VA DIRIGIDA: A partir de 8 años.

DURACIÓN: 2 horas.

OBJETIVOS:

➤ Disfrutar aprendiendo

➤ Vincular la poesía con la música

➤ Enseñar a crear metáforas y a enriquecer el lenguaje

➤ Usar el poder de las biografías para transmitir el afán de superación y el coraje de vivir.

CUENTO DE APOYO: *La vida y la poesía de Miguel Hernández* (Autora: Rosa Navarro Durán. Ilustrado por Jordi Vila Delclós. Editorial Edebé).

RESUMEN

Este libro en formato de cuento y con ilustraciones, es una biografía sobre la vida de Miguel Hernández que contiene los hitos más importantes de su trayectoria vital.

MATERIALES NECESARIOS PARA CONTAR EL CUENTO

o Necesitamos dos Poesías de Miguel Hernández:
 – *"Las abarcas desiertas"*
 – *"La palmera levantina"*
o Copias de las dos poesías para que cada alumno y alumna tenga una copia.
o CD del disco de Joan Manuel Serrat: *Hijo de la luz y de la sombra.* Canción n° 11, *Las abarcas desiertas.* Canción n° 4, *La palmera levantina.*
o Alpargatas de cabrero o de campesino, a ser posible que sean grandes.

CLAVES PARA NARRARLO Y MARAVILLAR A NIÑOS Y NIÑAS

Vamos a narrar la niñez de Miguel Hernández y, para captar la atención del alumnado, podemos comenzar así:

Érase una vez un niño que creció en una tierra donde había bosques de palmeras y una naturaleza tan exuberante que Miguel no tuvo por menos que abrir su corazón a la poesía. Como era cabrero, siendo niño andaba por el campo cuidando el ganado y sus zapatos eran alpargatas. En la región levantina a este tipo de calzado le llaman: abarcas.

Después de la introducción, se les reparte una hoja con la poesía de *Las abarcas desiertas* (Anexo 6. p. 114).

Mientras van leyendo la poesía, se van percatando de otros aspectos de la infancia de Miguel: la pobreza en la que vivía, su anhelo de que le regalaran un juguete el día de Reyes y su desilusión al encontrar sus abarcas vacías.

Abrimos un turno de preguntas para aclarar dudas, y aprovechamos para explicar más profundamente la infancia de Miguel Hernández.

Podemos decir que fue muy poco tiempo al colegio porque su padre lo sacó de la escuela para que cuidara al ganado. Incidiremos en que a Miguel le gustaban mucho los libros y todo lo concerniente a leer, escribir y aprender. Pero, su padre le pegaba palizas porque no quería que leyera. Sin embargo, cuando salía al campo, Miguel, siempre llevaba en su zurrón una libreta, un lápiz y un libro.

Haremos hincapié en que fue *autodidacta*, es decir, aquella persona que se instruye a sí misma. Él mismo buscó la forma de seguir aprendiendo. Iba a la biblioteca y, además, les pedía a sus amigos que le prestaran libros. Por último, debemos señalar que su gran maestra, su verdadera fuente de inspiración, fue la naturaleza.

Después de dar esta información y de responder a las preguntas planteadas por el alumnado, pusimos la canción: "*Las abarcas desiertas*", poesía musicada por Joan Manuel Serrat.

Para culminar la actividad los niños y niñas pudieron ver y tocar las alpargatas de un cabrero ¡Qué revuelo se armó cuando las sacamos de la bolsa! Se las fueron pasando de mano en mano, despertando el mayor interés. Los alumnos y las alumnas, las acariciaban y las miraban desde todos los ángulos. El maestro de la clase, que asistía a la actividad, era el que estaba más impresionado.

Por unos momentos nos trasladamos a aquellos tiempos, tan solo con tocar unas alpargatas de esparto.

Una vez más un objeto concreto lograba maravillar al alumnado; porque el conocimiento abstracto se hace real cuando se estimula a los niños y a las niñas para que usen sus cinco sentidos.

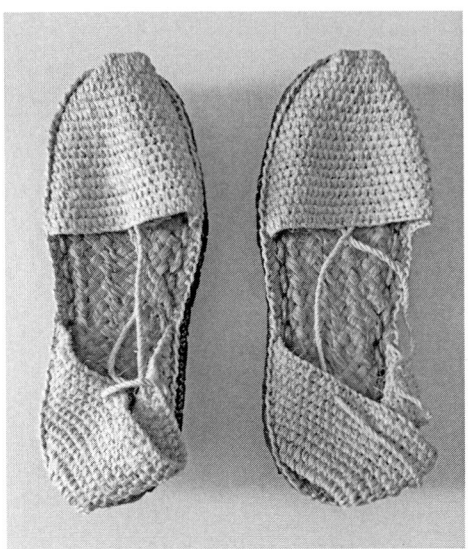

DESARROLLO DE LA ACTIVIDAD

Propuesta

Proponemos a los niños y niñas la lectura de la poesía de Miguel Hernández: *"La palmera levantina"* (Anexo 7. p. 115). También, con ellos y ellas, la escucharemos echa canción por Joan Manuel Serrat. Y luego, jugaremos con las palabras creando metáforas.

Materiales

o Necesitaremos hacer copias de la poesía para que cada alumno y alumna disponga de una copia.

o Por otra parte, utilizaremos el CD: *"Hijo de la Luz y de la Sombra"*, del cantautor Joan Manuel Serrat. La canción número cuatro de este CD es *La palmera levantina*.

Experiencia

Elegimos esta poesía por su musicalidad y las bellas metáforas que contiene.

En primer lugar, tenemos que señalar que adaptamos la poesía para la actividad y la edad de los participantes, seleccionando los versos apropiados. La podemos encontrar en el Anexo 7 (p. 115). Les repartimos una copia de la poesía a cada niño y niña. La leyeron y aclaramos el significado de las palabras que no conocían: otear, zancos, verderol…

Más tarde, pusimos la canción de Serrat; la escuchamos para quedarnos con la melodía.

Después cantamos todos la canción utilizando la poesía adaptada, que es más corta que la original. Con todo ello, los niños ya estaban muy motivados y los animamos para que comenzaran a comparar a la palmera con diferentes objetos. Así se fue abriendo las puertas del lenguaje, respondiendo tan solo a una pregunta:

— ¿Qué podía ser una palmera?

Entre las metáforas que crearon, ponemos el siguiente ejemplo que nos gustó mucho: *Una escoba que barría el cielo.*

PUERTA ABIERTA

Cuando pusimos la canción: *"La palmera levantina"*, algunos niños y niñas se levantaron espontáneamente de sus pupitres y comenzaron a bailar. La música era tan alegre que nos subía por los pies e invitaba a seguir su ritmo. Así que nosotras también nos pusimos a bailar con ellos como palmeras cimbreadas, esta vez por una melodía.

La vida se superó, expresándose a través de nosotras. En un primer momento, pisó las baldosas de los objetivos; pero, luego los sobrepasó para llevarnos más allá, a volar por otros mundos del gozo de vivir y del aprender.

OBSERVACIÓN

Cuando vinculamos el disfrutar al aprender se produce un milagro. Todo resulta muy fácil a la hora de transmitir los conocimientos. Y si, además, utilizamos el poder de las biografías para estimularlos, las posibilidades para que desarrollen sus capacidades se multiplican.

Comprobamos que la biografía y la obra de Miguel Hernández tienen un potencial fabuloso para despertar en los alumnos y alumnas su afán de superación. Son un estímulo formidable para enseñarles a valorar lo que tienen y a aprovechar las oportunidades que les brinda la vida.

|

5. El ciclo del agua: La gratitud

REDES DE VIDA: APRENDIENDO JUNTOS

A la Biblioteca de la escuela comenzaron a llegar personas de todas las edades: hermanas que ya estaban en el Instituto, acompañando a sus hermanos que estaban en el colegio; madres y padres con sus hijos que cursaban Educación Infantil… Todos querían participar en la actividad que ese día había organizado "El Club de Pioneros y Pioneras", una iniciativa del "Proyecto Arco Iris".

En esta ocasión la sesión titulada: *Arte y Vocación*, contaba como protagonista con la pintora Antonia Moreno que nos iba a enseñar a usar el carboncillo. Para ello, nos propuso pintar un bodegón al natural, que compuso en un momento. Luego, nos repartió cartones reciclados y grafitos.

Era un viernes por la tarde y la biblioteca escolar estaba a rebosar. Cuando todos empezaron a dibujar se hizo un silencio increíble. Miré a todo el grupo embelesada. Desde el niño de cinco años hasta la abuela de setenta primaveras, estaban totalmente absortos, inmersos en sí mismos y embebidos en su creación.

El aprender disfrutando hizo que se disolvieran todas las barreras entre maestros y maestras, familias, niños y niñas. Al final les expresé mi más sincera gratitud a todos los participantes porque hicieron realidad un sueño educativo: que todos aprendiéramos juntos.

Por sus caras jubilosas comprendí que la gratitud era mutua.

NOMBRE DE LA ACTIVIDAD: *El ciclo del agua. La gratitud.*

EDAD A LA QUE VA DIRIGIDA: De 8 a 10 años.

DURACIÓN: 2 horas.

OBJETIVOS:

➤ Fomentar la gratitud en el alumnado.

➤ Dar luz al temario vinculando el conocimiento a un valor.

CUENTO DE APOYO: *Aventuras de una gota de agua* (Autora: Begoña Ibarrola. Ilustrado por Federico Delicado. Editorial SM).

RESUMEN

En este cuento se narra la historia de una gota de agua que va pasando por todas las fases del ciclo del agua. Comienza su recorrido formando parte de un manantial, luego pasa a ser parte de un río hasta llegar a ser mar. Después se eleva siendo una nube y vuelve a descender como nieve. Para de nuevo, al retornar la primavera, convertirse en una gota de agua.

Lo bonito de este cuento es que por los lugares por donde va pasando la gota, los seres con los que se encuentra le van dando las gracias porque los ayuda a crecer. La gratitud de las flores, de los árboles, de los animales, de los pescadores… ayuda a la gota de agua a seguir su camino feliz.

MATERIALES NECESARIOS PARA CONTAR EL CUENTO

o Hicimos un montaje con las ilustraciones más significativas del cuento para ponerlas en la pizarra digital e ir narrando el cuento a la vez que se pasaban las imágenes.

CLAVES PARA NARRARLO Y MARAVILLAR A NIÑOS Y NIÑAS

Para llamar la atención de los niños y niñas podemos poner distintas voces a los personajes. Es importante utilizar el contraste que se consigue empleando voces agudas y voces graves. Entre las voces que podemos recrear están las siguientes:

- ✓ la voz de la gota de agua
- ✓ la voz de la flor
- ✓ la voz de la vaca
- ✓ la voz de los pescadores
- ✓ la voz del niño
- ✓ la voz de la nube
- ✓ la voz de la montaña

También podemos ayudarnos con los gestos y los movimientos, para implicar a los niños y niñas en el cuento. Cuando la gota de agua va por el río invitaremos a los oyentes a que simulen el paso por los meandros, bamboleándose en sus sillas. Más tarde cuando la gota de agua salta por las piedras de la catarata, ellos y ellas puedan saltar en sus asientos. Por otra parte, los podemos invitar a dar las gracias a la gota de agua como lo hacen los distintos protagonistas del cuento.

DESARROLLO DE LA ACTIVIDAD

Propuesta

Se les explica a los niños que tienen que hacer un mural sobre los ciclos del agua. Se divide a la clase en grupos de cinco a tres alumnos. Cada grupo se va a encargar de una fase del ciclo del agua y en el mural que elaboran, tiene que haber dibujos sobre la parte del ciclo que corresponda.

Además, y esto es muy importante, tienen que escribir frases de agradecimiento a quienes ellos y ellas quieran, integrándolas en el mural.

Se comienza el trabajo titulando el mural de la de la siguiente manera, pongamos un ejemplo: a quienes les toque la fase de manantial, tienen que titularlo: manantial de agradecimiento. En cambio, a quienes les toque la fase de la lluvia: lluvia de agradecimiento. Y así con el resto de las fases.

Materiales

o Necesitamos cartulinas de diferentes colores, a ser posible colores claritos, para que se vea bien lo que se dibuja y se escribe. También nos harán falta lápices de colores, ceras y rotuladores.

o Por otra parte, mientras ellos trabajan, vamos a poner una bella música inspiradora de fondo. Para ello, necesitaremos melodías con sonidos de agua.

Experiencia

Queríamos darle un enfoque holístico a la actividad donde se incluyera la Literatura y la Biología. Por este motivo comenzamos la experiencia leyendo la poesía de Antonio Machado: *"Anoche cuando dormía"*. En ella el poeta descubre cómo le nace una fuente del corazón. Esta fue la forma más bonita que encontramos de transmitirles a los niños que somos agua.

Luego, nuestra compañera Tere contó a toda la clase el cuento: ***Aventuras de una gota de agua***. Su voz musical, casi de agua; sus gestos elocuentes y su buen humor hicieron que los niños y niñas se implicaran en la historia. Así que, ante nuestra propuesta de hacer los murales, respondieron con entusiasmo. Se formaron los grupos y a cada uno se les asignó una parte del ciclo del agua.

Entre los títulos de los murales se podían leer: arroyo de agradecimiento, río de agradecimiento, mar de agradecimiento o nube de agradecimiento.

Los alumnos se entregaron a la actividad con toda su alma y expresaron su creatividad sorprendiéndonos a los mayores. Los murales tenían dibujos maravillosos e incluían agradecimientos a padres y madres, a sus maestros y maestras, a la naturaleza; hasta se nombraban a ellos mismos.

En este sentido, una frase que nos llamó la atención fue: "Gracias a mí mismo por ver la belleza". Lo cierto es que los niños se convirtieron en fuentes de gratitud y esa energía tan bonita se palpaba en la clase.

Luego, cada grupo expuso su mural ante los demás. Se eligió un portavoz que mostró el trabajo realizado por su grupo y después explicó su contenido a los presentes.

PUERTA ABIERTA

Al invitarles a crear, a pintar, a escribir, a descubrir lo maravilloso en lo cotidiano, mientras reafirmaban sus conocimientos sobre el ciclo del agua, una puerta se abrió: la de la *imaginación*. Se podían leer las frases de agradecimiento a lo largo del caudal del río o dentro de la nube.

Nos sorprendió ver cómo habían sido capaces de integrar armoniosamente su reconocimiento y gratitud con los elementos de la naturaleza.

Reseñamos a continuación un detalle, que nos sorprendió gratamente: un grupo hasta compuso una poesía. Su mural llevaba por título "Arroyo de agradecimiento", y pudimos leer en él, los siguientes versos:

> *Un arroyo es bonito*
> *Si hay flores y plantas.*
> *Pero aún es más bonito*
> *Cuando las gotas bailan.*

Como colofón de la actividad invitamos a los niños y niñas a cantar una canción. Su título: "La canción del río", podemos encontrar la poesía y la partitura en el Anexo 1 y 2 (pp. 105 y 106).

Así, celebramos la participación, la creatividad y el trabajo bien hecho de todos los presentes.

OBSERVACIÓN

Comprobamos que vincular el conocimiento a los valores, proporcionaba una dimensión excepcional al aprendizaje. Es todo un éxito porque conecta el conocimiento abstracto con la realidad cotidiana de los niños y niñas, y convierte dicho conocimiento en útil, real y necesario. Podíamos decir que los valores dan "cuerpo" al conocimiento y le insuflan vida.

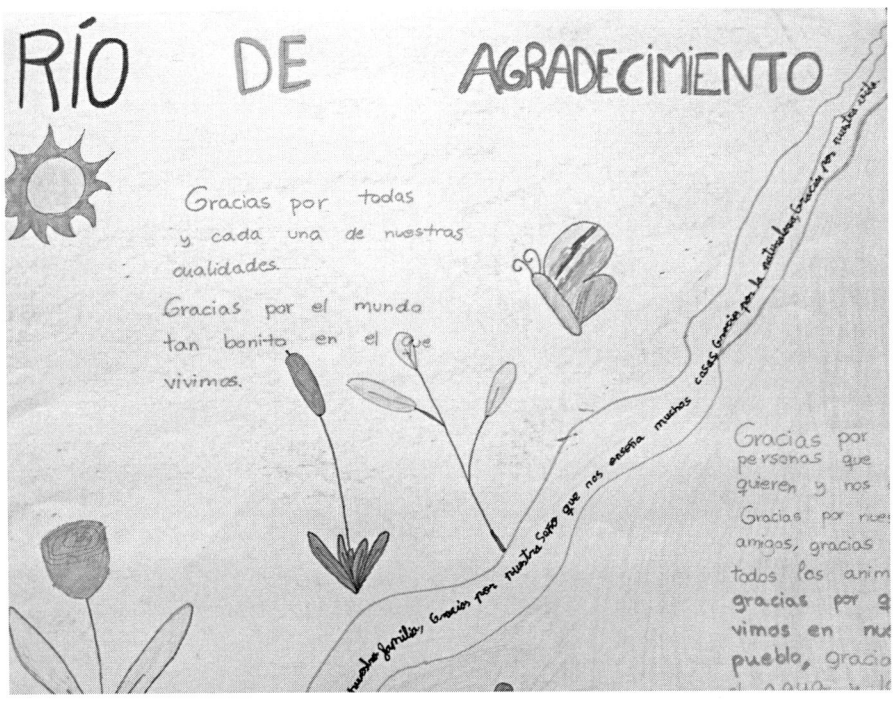

6. El poder de las palabras

REDES DE VIDA: PALABRAS QUE ILUMINAN

En un colegio nos encargaron realizar un *Taller de ortografía*. Comenzamos trabajando las palabras que se escriben con **b**. En internet descubrimos una página de ortografía creativa donde el palito de la **b** lo pintaban como si fuera una bombilla. Luego, buscamos palabras con **b** y comprobamos que había muchas cuyos significados eran muy positivos. Esto nos dio una idea para el título de la actividad: "Palabras que iluminan".

Enseguida nos dimos cuenta de que estas palabras podían cambiar realidades: bondad, bienestar, bendición, bonita, brillante, benéfico, bienhechor, buscadora, benevolente, bello, bienvenida, bienaventurado, buena, bien, benigno... Los niños y niñas nos ayudaron a completar esta lista de palabras.

Después les propusimos que cada uno eligiera una palabra y la llevara a su casa. Se la podían decir a sus familiares y allegados: "mamá eres una bendición", "hermano eres brillante", "amiga eres bienvenida"... Los niños y niñas comenzaron a utilizar en su entorno palabras que no habían empleado nunca. Además, aprendieron que podían alumbrar su realidad con palabras luminosas. Ese día la red de la vida se expandió, recibiendo las familias: *La luz de las palabras*.

NOMBRE DE LA ACTIVIDAD: *El poder de las palabras*
EDAD A LA QUE VA DIRIGIDA: De 7 a 11 años.
DURACIÓN: 1 hora
OBJETIVO:
➤ Enseñar a elegir en nuestra comunicación "palabras que abrazan". Son aquellas palabras que ayudan y apoyan a los otros; en vez de "palabras que dañan", que son las palabras que destruyen a los demás y nos destruyen.

> **CUENTO DE APOYO:** *Orejas de mariposa* (Autora: Luisa Aguilar. Ilustraciones de André Neves. Editorial Kalandraka).

RESUMEN

Mara, es una niña que va transformando en positivo todas las críticas que recibe de un grupo de chicos y chicas que intentan ridiculizarla. Para sorpresa de quienes intentan reírse de ella, Mara va mostrándoles, usando su imaginación, lo bueno que esconde un calcetín roto, unos zapatos viejos o un libro usado, entre otras cosas.

MATERIALES NECESARIOS PARA CONTAR EL CUENTO

- o Creamos una maqueta en grande de Mara.
- o Nos llevamos nuestra varita mágica.

CLAVES PARA NARRARLO Y MARAVILLAR A NIÑOS Y NIÑAS

1. Comenzamos diciéndoles que en su colegio hay una niña que es un hada moderna y, precisamente, juega en el patio del recreo. Dejamos bien claro, mostrándoles la varita mágica que llevamos con nosotras, que las hadas de ahora llevan la varita incorporada en su mente; por eso, no se ve.

2. Les preguntamos si ellos quieren ser hados padrinos o hadas madrinas. Tras asentir entusiasmados, les contamos el secreto para ser mágicos. Y es tan fácil como saber transformar los pensamientos negativos en positivos.

3. A continuación, les mostramos a Mara, la protagonista de nuestro cuento encarnada en la maqueta, y les contamos su historia. Previamente elegimos tres de las acusaciones que esgrime el grupo de niños y niñas para avergonzarla y ridiculizarla, las que creamos que más llamen la atención de los oyentes.

   Nosotras elegimos esta acusaciones:
   - Mara tiene el pelo de estropajo
   - Mara lleva calcetines rotos
   - Mara lee libros usados

4. Contamos a los niños lo que va respondiendo Mara, a la vez que les invitamos a que sean ellos quienes den sus propias respuestas espontáneamente. De esta manera, los implicamos en la narración y estimulamos su imaginación para que creen metáforas-soluciones.

5. De este modo, aprenden de Mara, que tienen el poder de abrir la puerta a otras realidades más positivas y abarcantes.

DESARROLLO DE LA ACTIVIDAD

Propuesta

Explicamos a los niños y niñas que ellos son muy valiosos y valiosas, que cada uno trae un talento, algo muy especial para aportar a la vida, que los hace únicos y únicas.

Después les demostramos que ya venimos, de fábrica, con unas capacidades increíbles y los invitamos a recordar los dones que traemos los seres humanos a este mundo desde que somos bebés.

En la pizarra, y con ayuda de los niños y las niñas. vamos anotando las cualidades y capacidades que son genuinas de nuestra especie: experimentar, soñar, investigar, reír, disfrutar, amar, comunicarnos, aprender, imaginar….

Dejamos claro que estas capacidades están en semilla dentro de todos nosotros y luego hay que desarrollarlas. A este desarrollo nos puede ayudar mucho *El poder de las palabras*. Porque los seres humanos tenemos superpoderes que nos acompañan toda la vida:

✓ El poder de nombrar
✓ El poder de elegir
✓ El poder de cometer errores
✓ El poder de aprender de los errores y transformarlos

Les proponemos que vamos a utilizar estos superpoderes que todos tenemos para llevar a cabo esta actividad: *El poder de las palabras*.

En la pizarra ponemos tres columnas de palabras. La primera columna está encabezada por un título: PALABRAS QUE ABRAZAN. A continuación, pedimos a los alumnos y alumnas que nos digan palabras que han sentido como un abrazo para apuntarlas.

Luego, en la segunda columna ponemos PALABRAS QUE DAÑAN, que son aquellas que, al recibirlas, sientes como si te hirieran. Por último, en la tercera columna, ponemos el titulo siguiente: TRANSFORMACIÓN. Aquí, utilizando el poder de nombrar, de elegir y de transformar los errores, pondremos los agravios de la segunda columna transformados en buenas palabras.

En definitiva, la propuesta es invitar a los niños y niñas a que usen la varita mágica de su mente para transformar lo negativo en positivo.

II. ACTIVIDADES. DANDO LUZ AL TEMARIO: LA PALABRA CREADORA

Experiencia

Los niños y las niñas participaron muy activamente a la hora de aportar cualidades y capacidades del ser humano. Sus intervenciones demostraban que venimos de fábrica, desde nuestro nacimiento, con un gran potencial para nuestro desarrollo. Después comprobaron a través de la actividad: *El poder de las palabras* cómo estas podían alentarlos o mermar su energía. Y así fuimos completando las columnas de palabras con lo que nos decían. Ponemos un ejemplo a continuación.

Palabras que ABRAZAN	Palabras que DAÑAN	TRANSFORMACIÓN
• Eres divertida • Te quiero • Eres inteligente ……………	• No vales • Eres incapaz • No sirves ………………	• Eres valioso • Eres lista • Tú eres capaz ……………

Cuando los niños y las niñas comenzaron a decir los agravios que habían recibido, detectamos mucho dolor emocional en sus palabras. Nos dimos cuenta lo importante que era para ellos y para ellas expresar lo que sentían.

Algunos compartieron ofensas que se habían convertido en "etiquetas" para sus vidas. Durante la actividad hicimos mucho hincapié en el valor de los errores como fuente de aprendizaje y en que las palabras se pueden transformar.

Efectivamente, gracias a que cometemos errores podemos aprender los seres humanos. Así que invitamos a la clase a reconocer sus fallos y a rectificarlos.

Si un día alguien insulta a un compañero o compañera, puede darse cuenta de su error y pedir disculpas. Además, pueden usar el poder de transformar las palabras con la varita mágica de su mente y reconocer las cualidades de ese niño o niña al que agravió.

Después de esta invitación les remarcamos a quienes nos estaban escuchando que: "No hay un lugar más sagrado en la TIERRA, que aquel donde el odio dejó paso el amor".

Terminamos pidiéndoles a los niños y a las niñas que rotularan unas palabras, que les íbamos a dictar, para ponerlas en su cuarto. Las mismas que les servirían para recordar sus poderes en momentos de zozobra, y fueron las siguientes:

- ✓ YO QUIERO
- ✓ YO PUEDO
- ✓ YO VALGO
- ✓ YO SÉ
- ✓ YO SOY

Nos sorprendió mucho cómo cada chiquilla y chiquillo se esmeró en hacer las letras más bonitas que pudieron. Después las colorearon dándoles cada uno y cada una su impronta. Eran dignas de una exposición. Así nos mostraron que eran únicos, que eran únicas, como seres humanos. Nos despedimos de ellos y de ellas señalándoles que si utilizaban *palabras que abrazan*, su camino en la TIERRA sería más bonito y más fácil.

PUERTA ABIERTA

El éxito que tuvo la actividad nos animó a plantearla en los cursos superiores. Pero, esta vez agregamos una dinámica para que las alumnos y alumnas aprendieran a llegar a *acuerdos*, poniendo en práctica lo aprendido.

Les explicamos que detrás de la agresión, del insulto, hay siempre una persona que no sabe comunicarse, que no sabe pedir lo que quiere y que impone su criterio al otro a través de la violencia. El origen de esta actitud es, entre otras cosas, la ignorancia. La persona repite los mismos comportamientos que ha visto en su entorno, no sabe que existen otros caminos, no tiene la información correcta como es la de poder llegar a acuerdos.

Aprovechamos este momento para sacar a dos voluntarios, un alumno y una alumna, que se situaron donde todos los pudieran ver. Le dimos a cada uno el papel que tenía que representar. Y trabajamos con el siguiente supuesto:

> *Sara es muy buena en matemáticas y cuando sale al patio del recreo es el punto de mira de Raúl. El niño se va hacia ella enfadado y la insulta diciéndole: "Empollona asquerosa".*

Después de esta lectura, los voluntarios se han metido en sus personajes, eso nos permite comenzar la indagación. Le preguntamos a "la supuesta Sara" cómo se siente al recibir esas palabras que dañan. Luego, le hacemos la siguiente pregunta:

— "¿Querrías ser amiga de Raúl?"

Más tarde nos volvemos a la clase y preguntamos:

— "¿Por qué Raúl reacciona así?"

Los alumnos van dando su opinión sobre lo sucedido. Tras su participación, damos más información: Raúl suspende Matemáticas. Pero, es incapaz de pedir ayuda, su orgullo se lo impide y reacciona insultando a Sara, que saca muy buenas notas en esta asignatura.

Entonces explicamos el perfil de *la persona orgullosa* para comprender por qué Raúl actúa de este modo. Se cree el mejor, no ve sus errores, se niega a verlos. Por tanto, no puede aprender de ellos, no puede evolucionar. A no ser que le llegue la información adecuada y decida cambiar.

Después proponemos la segunda parte de la dinámica. Sara y Raúl ya conocen el poder de las palabras y saben que las palabras abrazan. Además, están dispuestos a aprender de sus errores y a usar el poder que tienen de transformarlas. A continuación, preguntamos a los actores:

— "¿Qué se dirían Sara y Raúl si se encontraran en el patio de recreo, teniendo esta nueva información?"

Ponemos el ejemplo siguiente como respuesta para que sirva como punto de referencia:

- Raúl le pide a Sara disculpas y le dice que siente mucho haberle dicho eso. Reconoce que él no sabe matemáticas y necesita que alguien lo ayude. Entonces, le pide a Sara que le eche una mano.

- Por su parte, Sara le dice que sí. Y le comenta que le gustaría **llegar a un acuerdo**. Le propone que, a cambio, él le enseñe a tocar la flauta, lo que para ella es muy difícil y a él se le da muy bien.

Lo ideal es que haya un **intercambio de favores** para que se sientan valiosos los dos. Esto es una propuesta a tener en cuenta a la hora de llegar a buenos acuerdos para que las dos partes se sientan ganadoras.

Para concluir les explicamos que existen nuevas formas de relacionarse y crear amistades, desde el **respeto**. También los acuerdos nos facilitan la vida, así como el buen empleo de las palabras. Y les dejamos claro lo valiosa que es la información que hemos compartido porque gracias a ella, podemos elegir otros caminos.

OBSERVACIÓN

Al terminar la actividad, nos percatamos de que los niños y las niñas se quedaron muy sorprendidos cuando les dijimos que todas y todos eran valiosos y podían aportar algo singular a la red de la vida.

También se quedaron asombrados al descubrir que podía haber otros caminos más allá de la agresión, cuando realizamos los ejercicios de llegar a acuerdos. Sintieron el mismo asombro que aquel preso que, por primera vez, recibió una charla de autoestima y valoración. Sucedió el evento dentro de la cárcel y cuando terminó la disertación, se dirigió al ponente y le dijo:

— *"Yo no sabía que se podía ser de otra manera".*

Dones y Talentos

7. Al servicio de la vida

Plantando los árboles de Kenia.
La historia de Wangar Maathai,
de Claire A. Nivola

8. Cuento conmigo

Yo voy conmigo,
de Raquel Díaz Reguera

9. La vocación

El maestro que enseñaba a todo el pueblo,
de Rosa María Badillo

7. Al servicio de la vida

REDES DE VIDA: ESTRELLAS EN LA TIERRA

¡Cuántas veces habremos relatado las vidas de hombres y mujeres que han sido como estrellas en la Tierra! Ese día íbamos: Susana, María Dolores y yo, a dar una ponencia de tres horas en el Centro de Profesores de Málaga. Queríamos mostrarles a los maestros y maestras nuestras actividades y la labor que estábamos desarrollando en la escuela a través del "Proyecto Arco Iris de Madres Narradoras".

Terminamos nuestra exposición con un cuento sobre la vida de Wangari Maathai, una estrella en la Tierra. Mª Dolores Mota, nuestra compañera bióloga, una enamorada de la ecología social, era quien lo estaba narrando. En ese momento, al final de la sala se alzó la voz de un maestro. Estaba de pie, a punto de irse y no podía quedarse con aquello en el pecho, casi gritó: "Ustedes enseñáis mucho más".

NOMBRE DE LA ACTIVIDAD: *Al servicio de la vida.*
EDAD A LA QUE VA DIRIGIDA: A partir de 10 años.
DURACIÓN: 2 horas
OBJETIVOS:

➤ Enseñar que detrás de una situación difícil se esconde:
  – Una gran oportunidad.
  – Difundir la Ecología social.
  – Tomar consciencia de que la deforestación y la pobreza son dos caras de una misma moneda.
  – Descubrir y dignificar a las personas de nuestro entorno que trabajan por el bien común, dedicando su tiempo y sus talentos a mejorar su comunidad.

CUENTO DE APOYO: *Plantando los árboles de Kenia.* La historia de Wangar Maathai. (Autora: Claire A. Nivola).

RESUMEN

*Este cuento narra la historia de Wangari, una gran pionera que logro hacer realidad la esencia de la **ecología social**. Fundó en Kenia el Movimiento Cinturón Verde en 1977. Un proyecto donde las mujeres eran las protagonistas y cuyo fin era sembrar árboles. Al comprobar su efectividad para paliar la pobreza, este movimiento se fue extendiendo a otros países circundantes logrando plantar 30 millones de árboles en África.*

Wangari fue la primera mujer en obtener un doctorado en África Oriental y la primera en obtener el Premio Nobel de la Paz.

MATERIALES NECESARIOS PARA CONTAR EL CUENTO

o Fotografiar las ilustraciones del cuento para pasarlas a la pizarra digital, con objeto de ir proyectando las ilustraciones y a la vez contar la historia de Wangari.

o Necesitamos varios pañuelos de colores con estampados llamativos para vestirnos como una mujer africana. Encima de nuestra ropa podemos ponernos uno de los pañuelos y el otro en la cabeza.

o Un plantón.

o CD con música africana alegre y con ritmo para bailar.

CLAVES PARA NARRARLO Y MARAVILLAR A NIÑOS Y NIÑAS

La historia se cuenta en primera persona. La narradora asume el papel de la protagonista. Va vestida como si fuera una mujer africana. Se presenta ante los niños y las niñas como Wangari, les dice que nació en Kenia en el año 1940. Después se acerca a la pizarra digital para mostrarles las ilustraciones mientras va contando como era su país en su infancia. Hace mucho hincapié en que Kenia era como un gran manto verde y que allí el árbol sagrado era la higuera.

Luego la narradora se recreará en contar un acontecimiento muy importante en la vida de Wangari: cómo llegó a estudiar en

EE.UU. En este momento es esencial que recalque la existencia de redes de vida que hacen posible lo que parecía imposible. Esas redes la conformamos todos. En ellas hay personas que destacan por sus aportaciones ya que cooperan para posibilitar la evolución de los pueblos y sus gentes. En definitiva, colaboran para mejorar la vida en nuestro planeta. Entonces quien cuenta la historia podría decir:

"Yo era muy buena estudiante, me gustaba mucho aprender y mirad lo que pasó. Muy lejos, en otro continente, un senador (J.F. Kennedy), estaba organizando un programa para becar a 300 niños y niñas africanos. El fin de este proyecto era que pudiésemos terminar nuestros estudios, obteniendo un título universitario, ¡y me tocó a mí una de esas becas! ¿Sabéis lo que estudié? Biología, la ciencia de la vida".

La narradora continúa la historia en primera persona:

"Cuando volví después de cinco años a mi país lo encontré muy cambiado. Las higueras estaban cortadas, los arroyos secos y las pequeñas parcelas cultivadas por cada familia para alimentarse, se habían convertido en grandes extensiones de cultivo de té para ser exportado. Las familias se habían empobrecido y muchos árboles habían desaparecido".

La narradora les hace a los oyentes la siguiente pregunta para integrarlos en la historia:

— *"¿Qué pasa si no hay árboles en un territorio?...".*

Tras las respuestas, sigue con el relato en el papel de la protagonista:

"Había un gran problema en Kenia. Así que se me ocurrió una idea: decidí reunir a las mujeres de mi poblado y las invité a sembrar árboles".

La narradora aprovecha este momento para mostrarles a los asistentes un plantón y les indica que es un bebé árbol. Luego, les explica cómo cultivarlo y plantarlo. Nuevamente la contadora retoma el hilo de la historia.

"Las mujeres me dijeron que sí y nos pusimos a la tarea. Teníamos mucho trabajo que hacer; pero, el trabajo nos unió estrechamente. Paulatinamente fuimos viendo los resultados: crecieron nuevos árboles y nuestras familias comían de sus frutos, además de las verduras de la huerta. Así comenzamos a salir de la pobreza. Todo esto me animó a repartir plantones en las escuelas, las cárceles y los cuarteles. Creé en 1977 el Movimiento Cinturón Verde y fuimos plantando, y plantando… Comenzamos las mujeres; pero, después se sumaron hombres, mujeres, niños, niñas, abuelos y abuelas para colaborar en esta maravillosa labor. Llegamos a sembrar 30 millones de árboles en Kenia y los países colindantes. De nuevo, mi país se cubrió de un manto verde.

Quiero que sepáis que la pobreza y la degradación ambiental son dos caras de la misma moneda. Por eso, cuidar de los árboles es muy importante.

Por aquella época empezaron a llamarme LA MUJER ÁRBOL. Gané el premio Nobel de la Paz en 2004. Era la primera mujer africana que gozaba de este gran reconocimiento. Todo mi trabajo se vio recompensado y estaba tan feliz que bailé con mi pueblo para celebrarlo".

Tras terminar la narración se pone música africana en la clase para que los niños y las niñas bailen, celebrando y rememorando los grandes logros de Wangari para la Historia de la Humanidad.

Quiero reseñar que nuestra compañera Pilar, cuando narró con toda su alma esta historia, utilizó un recurso muy llamativo para ponerle broche de oro. Bajo la túnica africana, con la que se había disfrazado, se escondía otro disfraz. Y mientras decía: Mujer Árbol, se iba quitando el primer vestido para mostrar un jersey y un pantalón verde, a los que había prendido hojas pintadas en papel. Así conseguía despertar el asombro de todos los presentes porque verdaderamente parecía un árbol hecho mujer.

DESARROLLO DE LA ACTIVIDAD

Propuesta

Se forman grupos de dos miembros para realizar un mural. Cada alumno o alumna pertenecientes al grupo, tiene que elegir a una persona que conozca, que aporte un servicio valioso para su comunidad. Luego, tiene que pintarla en el mural, poner su nombre y escribir el motivo de por el que la ha elegido. Para finalizar cada grupo expone su mural ante los demás.

Experiencia

Para que los chicos y las chicas tuvieran claro a quién elegir para hacer sus trabajos. Los invitamos a utilizar las facultades superiores de la inteligencia, a las que alude Rudolf Steiner, el creador de la Escuela Waldorf, en sus obras. Ellas son: la *inspiración*, la *intuición* y la *imaginación*. Una manera muy sencilla de emplear estas palabras es siguiendo los pasos enunciados a continuación:

1. Cerrar los ojos.
2. Hacerse una pregunta.
3. Concentrarse e *inspirar* profundamente.
4. Dejar la mente vacía para que opere la *intuición*.
5. Estar abiertos a que les llegue una *imagen*, una palabra como respuesta.

En este caso, la pregunta era obvia: "¿Qué persona trabaja por el bien común en mi comunidad?". Los alumnos y alumnas hicieron bien el ejercicio y las respuestas no tardaron en llegar.

Se volcaron en la actividad. Pintaron con mucho cariño a las personas que habían elegido. Comprobamos como la admiración se podía convertir en esmero a la hora de dibujar a los protagonistas de sus murales porque lo hicieron con todo lujo de detalles. Pero, lo que más nos sorprendió fue el silencio que se creó en la Biblioteca, el corazón de la escuela donde se realizó la sesión, a la hora de exponer los trabajos ante el grupo.

Era un silencio reverencial originado por las ganas de conocer a las personas que aportaban lo mejor de sí mismas a su pueblo. No eran nombres extraños que venían en un manual ni personajes famosos, eran seres humanos de carne y hueso que se cruzaban con ellos todos los días en la calle. Cuando leían el motivo de su elección lo hacían con mucho respeto. Estaban dándose cuenta, quizás por primera vez, del poder de la palabra. Y que, con su palabra, podían identificar y dignificar a aquellas personas que estaban haciendo una gran labor de forma desinteresada para mejorar la vida de todos.

Puerta abierta

Sobre la marcha y al final de las exposiciones de los trabajos, surgió una pregunta:

— "Y tú, ¿qué puedes hacer por tu comunidad?".

Espontáneamente los chicos y las chicas fueron contestando y se creó un coloquio muy ameno. Cada uno y cada una, aportó su parecer creándose un semillero de posibilidades y oportunidades para hacer cosas buenas por su pueblo. Lo cierto es que todos salieron muy contentos de la actividad porque comprendieron que no tenían que esperar a ser mayores o tener un título universitario para ser útiles a su comunidad y mejorar su entorno.

La actividad evolucionó. Nos dimos cuenta de que también era factible que, en vez de ser una actividad grupal, fuera individual. Así que más adelante, en otros cursos, repartimos a cada niño y a cada niña un A3 de colores claritos.

Ellos hicieron su trabajo de reconocimiento, con la particularidad de que podían llevárselo a casa y entregárselo a la persona homenajeada.

Días más tarde me encontré en la farmacia del pueblo con la tía de una de las alumnas que había realizado el trabajo. Me dijo que su sobrina había elegido a su abuela para homenajearla y me comentó que le había leído su trabajo. La anciana se emocionó, no sabía que su nieta guardaba en su corazón tanta gratitud hacia ella. La abuela y la nieta se abrazaron al final de la lectura, reforzando su vínculo.

Luego, les transmití a mis compañeras lo que había pasado y nos llenamos de satisfacción. La actividad había cumplido su cometido.

OBSERVACIÓN

La vida de Wangari es tan inspiradora, que podemos enseñar cosas tan valiosas como estas, a la hora de transmitir su legado:

- ✓ Cómo se pueden trascender las limitaciones, entre ellas la de nacer en un poblado de África y en una familia humilde, aprovechando las grandes oportunidades que tejen las redes de vida.
- ✓ El poder y el efecto que tuvo su mirada benéfica sobre su pueblo.
- ✓ Y, sobre todo, que es posible la mejora y la transformación de los lugares donde hay pobreza.

Wangari nos enseña con su ejemplo a recuperar nuestro poder y a cuidar de nuestro patrimonio más preciado: la tierra que nos provee. Ella supo hacerlo con la fuerza de su coherencia y sus conocimientos. Ante la *necesidad* de salir de la pobreza, *mostró un camino*: plantar árboles. Y unió a su pueblo con *un propósito común*: conseguir el mayor bien para todos.

Wangari nos pasa el testigo de continuar abriendo caminos y nosotras hemos pasado ese testigo a los niños y a las niñas. Ellos pueden, es posible, si nos unimos y colaboramos para lograr el bien común.

Los niños y las niñas aprendieron con esta actividad a conocer a las personas que trabajan por el bien de su comunidad. Comprendieron que ellos también podían hacerlo. Sí, con esta actividad plantamos en el corazón de los niños y las niñas las semillas de un futuro mejor, donde todos podían ser protagonistas contribuyendo con su granito de arena al bienestar de su pueblo.

8. Cuento conmigo

REDES DE VIDA: MOTIVACIÓN

Nos llamaron de un colegio de compensatoria, que tenía un equipo de profesores y profesoras muy implicados con el alumnado. Siempre estaban buscando las mejores actividades para su centro y contaron con nosotras. Su enorme interés hizo que se movieran los hilos de la red de la vida y lograron que realizáramos nuestras actividades en todos los cursos de la escuela.

Un día de los que estábamos trabajando en el colegio nos advirtieron, en concreto, de la falta de atención de la clase donde íbamos a intervenir. Cuando llegamos al aula los chicos y las chicas estaban totalmente desmotivados, no querían hacer nada. Les dije que tenían que usar las facultades superiores de la inteligencia para que la realidad cobrara su brillo. Y los invité a conectar con la *inspiración*, la *intuición* y la *imaginación*.

El procedimiento era el siguiente: sencillamente, tenían que cerrar los ojos y hacerse una pregunta. A continuación, debían concentrarse e *inspirar* profundamente. Luego, dejar la mente vacía para que operase la *intuición* y dejar que les llegara una *imagen*, una palabra, como respuesta a una pregunta.

Les pedí que, con los ojos cerrados, sintieran su energía y se preguntaran:

— "¿Quién soy yo?". Y se imaginaran que eran un elemento de la naturaleza.

Lo cierto es que les llegaron las imágenes que representaban a su ser y se entusiasmaron. Después les dije que pintaran lo que habían vislumbrado. Uno pintó una estrella fugaz, otro un gran oso, una niña pintó un sol, otro niño sintió que era un planeta y lo dibujó. Tras el ejercicio, el grupo pasó de la apatía.

al entusiasmo. Aquel día todos y todas descubrieron que cada uno era mucho más que un alumno sentado en un pupitre.

NOMBRE DE LA ACTIVIDAD: *Cuento conmigo*

EDAD A LA QUE VA DIRIGIDA: A partir de 9 años.

DURACIÓN: 1 hora

OBJETIVOS:

➤ Desarrollar la autoestima.

➤ Reconocer y valorar, para reconocernos y valorarnos.

➤ Enseñar técnicas literarias de creatividad poética.

➤ Dar a conocer el verso libre.

CUENTO DE APOYO: *Yo voy conmigo* (Autora e ilustradora: Raquel Díaz Reguera. Editorial Thule).

RESUMEN

A una niña comienza a gustarle un chico de su colegio. Para poder atraer su atención, sus amigos le recomiendan que modifique su aspecto y que deje de hacer cosas que le gustan. De esta manera logra que el niño la mire por primera vez; pero, ella se da cuenta de que, si bien el niño la ha visto, ella misma ha dejado de verse, incluso ha renunciado a sus alas.

Cuando toma conciencia de la pérdida de su identidad, decide recuperar todo aquello que la hace única.

MATERIALES NECESARIOS PARA CONTAR EL CUENTO

o Pájaros pintados en cartón o un papel fuerte, y recortados. El tamaño debe de ser mediano para que puedan entrar en una jaula

o Jaula para pájaros

o Alas

CLAVES PARA NARRARLO Y MARAVILLAR A NIÑOS Y NIÑAS

Antes de narrar este cuento dije a los niños que iba a acompañarlos en la clase una alumna nueva. En uno de los pupitres vacíos puse una foto de cuando yo tenía su edad y les comuniqué que aquella silla la ocuparía "*La niña que fui*". Quería que nos acompañara porque ella necesitó mucho que le contaran esta historia. Delante de todos, aproveché para agradecerle que estudiara. Además, reconocí y valoré todo su esfuerzo, toda su constancia y su afán de superación. Terminé diciéndoles que, gracias a ella, yo estaba allí contándoles un cuento.

Acto seguido comencé la narración metiéndome en la piel de la protagonista. Ya que ese día me tocó a mí contar su historia. Empecé el cuento remarcando mucho que me gustaba un niño del cole que se llamaba Martín y que cuando lo veía me temblaban las piernas. En ese momento hice un amago de que me picaba la nariz y simulé que me ponía nerviosa. Les pregunté para integrarlos en la narración:

— "¿Ustedes creen que yo le gustaré?".

Más tarde, y siguiendo con el hilo de la historia, me solté el pelo y me quité las gafas, aconsejada por mis amigas. Entonces recalco que Martín no me ha mirado. Continuo con el cuento y en un momento dado, voy metiendo los pájaros, uno por uno, en la jaula que tengo preparada para tal menester. Con pena, les indico a los presentes que aquellos son los pájaros de mi imaginación. Como Martín sigue sin mirarme, me digo: "¡tal vez son mis alas!". Me acerco a un rincón de la clase, me las quito y las dejo allí, con mucho pesar.

Sucede un hecho significativo que Martín, ese día, me mira por primera vez. Sin embargo, yo no estoy contenta. Entonces cojo la jaula con mis pájaros dentro y miro al público, una enorme tristeza se refleja en mi rostro y les digo:

— "Ahora, soy yo la que no me veo. ¿Quién soy yo sin mis pájaros?".

Después me dirijo al rincón donde están mis alas y exclamo:

— "¡Sin mis alas, tampoco soy yo!".

Después hago un ademán de reflexionar y, poco a poco, voy recuperando todos los elementos que me hacen única. Para finalizar me dirijo al público con alegría y afirmo:

— "¡Ahora sé qué yo voy conmigo! Y me miro y me veo, ¡tengo alas!".

Otro guiño espectacular para contar el cuento, lo realizó Marilú, una compañera que se había prendido los pájaros en la cabeza con unas horquillas,. Así, comenzó a contar el cuento, y mientras iba narrando la historia se iba quitando las horquillas e iba depositando los pájaros en la jaula.

DESARROLLO DE LA ACTIVIDAD

Propuesta

Propusimos a los niños y niñas que hicieran una poesía para desarrollar sus capacidades de reconocimiento y de valoración. Emplearíamos una técnica literaria llamada: "Catarata de palabras".

Reconocer al otro u otra, era la primera parte de la actividad. Luego vendría una segunda parte en la que se reconocerían y se valorarían a ellos mismos y a ellas mismas.

Materiales

Necesitaremos:

o Folios
o Lápiz y bolígrafo
o Goma de borrar
o Colores y rotuladores

Experiencia

Planteamos la actividad diciendo a los niños y niñas que iban a aprender la forma de hacer uno de los regalos más bonitos que se le podía hacer a una persona. Para ello tenían que elegir a un compañero o compañera de la clase y lo iban a comparar con determinados elementos. El fin era tener una catarata de palabras con las que jugar, y disfrutar combinándolas, así tendríamos el regalo.

Efectivamente, el resultado de la actividad sería una poesía, que podía ser una bonita dedicatoria en las páginas de un libro o un detalle muy especial para celebrar un momento entrañable en la vida de su amigo o amiga.

A continuación, les explicamos que era esencial la intención con la que hicieran el poema. El objetivo era reconocer y valorar a ese amigo o amiga, de manera que se sintiera muy valioso y aumentara su autoestima. Luego, les dimos las pautas para que hicieran las comparaciones:

- Si tú amigo o amiga fuera *un árbol*, ¿qué árbol sería?
- Si tú amigo o amiga fuera *un color*, ¿qué color sería?
- Si tú amigo o amiga fuera *un instrumento musical*, ¿qué instrumento sería?
- Si tú amigo o amiga fuera *un sentimiento*, ¿qué sentimiento sería?
- Si tú amigo o amiga fuera *un pájaro*, ¿qué pájaro sería?
- Si tú amigo o amiga fuera *un talento*, ¿qué talento sería?

A continuación, ponemos un ejemplo del resultado del ejercicio:
- *Árbol:* almendro
- *Color:* Azul
- *Instrumento*: flauta
- *Sentimiento*: alegría
- *Pájaro*: colibrí
- *Talento*: cantar

Luego, les explicamos que pueden jugar con las palabras de muchas maneras
- Alterando su orden, por ejemplo: la primera puede ocupar el último lugar.

- Quitando las palabras que no nos parecen adecuadas y poniendo otras nuevas.
- Modificando las palabras para que los versos cobren significado.

Otra de las claves que tenemos que dar es: *El pie del verso*, es decir el verso que pueden utilizar para comenzar el poema. Esto facilita mucho la creación. En nuestro caso sería: *"Tú eres para mí"*. Siguiendo estas pautas el poema podría quedar así:

Tú eres para mí
un precioso colibrí
que reparte alegría.

Un almendro azul,
una flauta que canta
a lo más bonito de la vida.

En la segunda parte de la actividad los niños tienen que transformar la poesía que hayan creado y dedicársela a ellos y ellas mismas. Así que, ahora, el primer verso sería: *"Yo soy"*, y tendrán que realizar los debidos cambios gramaticales para que el poema esté correcto. En este caso la transformación es muy fácil y quedaría de esta manera:

Yo soy
un precioso colibrí
que reparte alegría.

Un almendro azul,
una flauta que canta
a lo más bonito de la vida.

Esta transformación nos puede servir para explicar a los niños y niñas que lo que ven fuera, es posible que lo tengan dentro; es decir, que solemos proyectar lo que somos. Sin duda, otros hacen de espejo para que descubramos los tesoros que tenemos dentro. De ahí, que sea tan importante el reconocimiento y la valoración de los demás para reconocernos a nosotros mismos.

PUERTA ABIERTA

Durante la actividad los niños me preguntaron si podían hacer los versos sin que tuvieran que rimar. Les dije que sí y esto me dio la oportunidad de enseñarles lo que era el verso libre y el gran logro que supuso para la Literatura.

El *verso libre* fue una gran conquista de los poetas que aspiraban a expresarse en libertad, sin atenerse a los formalismos de la métrica y la rima de la poesía tradicional. Sin duda, el verso libre abrió la puerta a la libertad creativa de los poetas. Así que los invitamos a que fueran libres en sus creaciones. De esta energía de apertura fluyó la necesidad, que expresaron algunos y algunas, de ampliar la catarata de palabras.

Nos pidieron que incluyera también un regalo para sus amigos y amigas a quienes dedicarían sus versos.

De nuevo, asentimos a su petición y les dimos una información muy valiosa para que la tuvieran en cuenta. Les comunicamos que como poetas (palabra que contiene a los dos géneros, por tanto, es una avanzadilla en el lenguaje) pueden regalar lo que quieran: el mar, las estrellas, un arco iris, el universo… Pueden ir más allá porque no necesitan dinero para hacer sus regalos. Efectivamente con su imaginación y un corazón abierto pueden regalar nada más y nada menos: lo que no se compra ni se vende.

OBSERVACIÓN

Es absolutamente necesario enseñar a reconocer y valorar a los alumnos y a las alumnas para subir un peldaño en el nivel de consciencia de nuestra sociedad. Este es el pilar por donde comienza la autoestima. Se trata de ejercitar estas capacidades para integrarlas en nuestras vidas. Los maestros y maestras tienen aquí un papel esencial, son verdaderos agentes de cambio. Es fundamental enseñar a los niños y niñas a reconocer y valorar, para que ellos aprendan a reconocerse y valorarse también a sí mismos. De tal modo que esta práctica se convierta en un motor de automotivación para desarrollar sus talentos.

9. La vocación

REDES DE VIDA: CON TODO NUESTRO CORAZÓN

Uno de los días más grandes que vivió el Proyecto Arco Iris fue cuando presentamos el cuaderno: *El jardín de los talentos* (I).

Las compañeras dejaron cubiertas todas las retaguardias familiares para cumplir cada una con la tarea encomendada. Antonia Moreno fue a recoger a Manuel Casillas, coordinador del Colectivo Cultural Gines de los Ríos, al lugar donde se había hospedado en Benalmádena. Mientras tanto en una sala del AMPA, Susana y yo nos disfrazábamos de Suceso Luengo y de Victoria Kent, respectivamente. Los vestidos de época con los que salimos ataviadas para hacer nuestros monólogos, los elaboró y nos lo regaló Toñi, la modista. Ella era una de las madres que tenía a sus hijos en el colegio y que asistiría al acto. Minutos después una persona de nuestro grupo, Ana Mari, que es estetición, nos peinaba y nos maquillaba para salir a escena. Susana, con su traje del siglo XIX, hizo las delicias del alumnado contando la historia de Suceso Luengo (El monólogo *La flor eterna*, lo podemos encontrar en el Anexo 8. p. 116).

Esta gran maestra y pionera que abrió muchos caminos para que las mujeres tuvieran derecho a la educación y al trabajo. En esos momentos, yo esperaba fuera de la clase vestida de los años 30. Me paseaba por el pasillo, esperando que ella terminara y apareció el jefe de estudios, Jesús, que ahora es el director del colegio. Casi no me reconoció por el disfraz. Le tendí la mano y ante su cara de asombro, me presenté:

— "Soy Victoria Kent".

---

(1) Esta actividad fue realizada en el colegio San Sebastián del pueblo de Mijas. Teníamos como invitados de honor a Manuel Casilla, presidente del Colectivo Cultural Giner de los Ríos y a Pepe García Guerrero, coordinador de las Bibliotecas Escolares de Andalucía.

Luego, Susana vino a por mí y emulando a Suceso Luengo me presentó a la clase como su querida alumna. Efectivamente, Victoria Kent estudió en la Escuela Normal de Maestras de Málaga, de la que Suceso Luengo fue directora.

Después de esta actividad, enseguida nos fuimos para quitarnos los disfraces porque en la Biblioteca del centro nos esperaba Pepe García Guerrero, coordinador en ese momento de la Bibliotecas Escolares de la provincia de Málaga, con otro compañero de la Junta de Andalucía. Ante ellos y ante el alumnado de la escuela, yo misma contaría la historia de Arximiro Rico, el maestro que enseñaba a todo el pueblo. Un relato que había escrito con todo mi corazón.

NOMBRE DE LA ACTIVIDAD: *La vocación*

EDAD A LA QUE VA DIRIGIDA: A partir de 11 años.

DURACIÓN: 2 horas

OBJETIVOS:

➤ Dar a conocer qué es la vocación.

➤ Tomar consciencia el alumnado de los talentos y capacidades que poseen, los mismos que pueden transformarse en una vocación que derive en una profesión.

➤ Promover el apoyo mutuo.

➤ Fortalecer el espíritu de grupo.

➤ Crear redes de vida donde cada miembro pueda aportar lo mejor de sí mismo y generar abundancia para todos.

➤ Potenciar una sociedad basada en la cooperación.

CUENTO DE APOYO: *El maestro que enseñaba a todo el pueblo* (Autora: Rosa María Badillo Baena. ***El jardín de los talentos.*** Editorial Colectivo cultural Giner de los Ríos).

RESUMEN

Este cuento, *El maestro que enseñaba a todo el pueblo,* recoge la historia real de un maestro, Arximiro Rico, y la huella que dejó en sus alumnos. Este pionero y visionario de la educación desplegó todos sus talentos en el medio rural, concretamente en Baleira, una aldea de Galicia, durante el periodo de la II República en el siglo XX, en España (el relato lo podemos encontrar en el (Anexo 9. p 120).

MATERIALES NECESARIOS PARA CONTAR EL CUENTO

Vamos a necesitar algunos elementos para que se puedan identificar las diversas profesiones que se van a mencionar durante el relato. Podemos utilizar:

- o Un serrucho
- o Una tiza
- o Semillas para plantar
- o Un fonendoscopio
- o Una batuta

CLAVES PARA NARRARLO Y MARAVILLAR A NIÑOS Y NIÑAS

Para contar esta historia comparamos la figura del maestro que enseñaba a todo el pueblo con una fuente, de la que emanaban muchos dones. Los niños y niñas, al ir mostrándoles distintos elementos que caracterizan a una profesión, fueron descubriendo los talentos de Arximiro y las profesiones con los que estaban relacionados dichos objetos (ver Anexo 9. p. 120). El que tuvieran que averiguar los diferentes oficios que este maestro desempeñó de forma altruista, despertó el interés del alumnado: maestro, carpintero, agricultor, veterinario, médico, juez, escritor, director de coro, entre otros.

Cuando terminó la narración, invitamos a los niños y niñas a que descubrieran sus propios talentos.

DESARROLLO DE LA ACTIVIDAD

Propuesta

El propósito de esta actividad, en un primer momento, es que los compañeros y compañeras de un mismo grupo-clase se ayuden mutuamente, para identificar sus talentos y capacidades. Y luego se ayuden mutuamente a encontrar su vocación y un trabajo adecuado con el fin de poder desarrollarla.

Para tal fin preparamos varios grupos de tarjetas de diferentes colores: azules, amarillas, rojas y verdes. En concreto, cinco de cada color. El tamaño puede ser de media cuartilla. Aprovechamos que los alumnos y alumnas van entrando en clase y vamos dando una tarjeta. Nuestra intención es que los grupos que se formen sean aleatorios, que no estén constituidos por los amigos de siempre. Cada grupo está formado por cinco miembros que trabajarán para hallar la vocación de los componentes del grupo que se les asigne.

Se crean cuatro grupos, al grupo rojo le corresponden el grupo verde, al verde le corresponde el rojo, y al grupo amarillo le corresponde el grupo azul y a la inversa.

Materiales

- Cartulinas para hacer las tarjetas: roja, verde, amarilla y azul.
- Cada alumno y alumna deberá tener un folio, bolígrafo, lápiz y goma de borrar.

Experiencia

En primer lugar, dimos una breve explicación de lo que es la vocación, y cómo la vocación está en consonancia con las cualidades, dones y talentos que posee una persona. Por lo tanto, la vía más directa para encontrarla es conocer los dones, capacidades y habilidades de dicha persona. Al conjugarlos podemos saber el perfil de una actividad a la que esa persona se podría dedicar.

¿Cómo sabemos que un individuo está realizando su vocación? Porque lo que está haciendo, lo realiza con mucha facilidad. Además, disfruta tanto con lo que hace, que el tiempo deja que existir. Podría estar horas y horas dedicado a esa actividad sin darse cuenta que las horas están transcurriendo.

La pauta que dimos a los niños y niñas fue que encontraran tres talentos, capacidades o habilidades del compañero o compañera que les correspondiera del otro grupo y le adjudicaran una profesión.

Queremos destacar que los distintos grupos se organizaron muy bien. Cada uno eligió a un responsable que escribiera las conclusiones a las que el grupo llegaba, además de un capitán o capitana que marcara las pautas a seguir. Así pues, escogían a un componente del otro grupo. Por ejemplo, si elegían a Sofía, se centraban en ella y todos daban su opinión, hasta seleccionar los talentos que Sofía poseía. Luego, hablaban entre ellos para elegir la profesión más adecuada para ella. De esta manera fueron analizando a todos los miembros del grupo.

Después cada grupo eligió a un portavoz para exponer las conclusiones. Lo más importante es que las profesiones resultantes se cotejaban con la opinión del interesado o interesada:

— "¿Te parece bien lo que han dicho de ti? ¿Te reconoces?".

Comprobamos que la mayoría estaban de acuerdo. Lo cierto es que los diferentes grupos hicieron un trabajo maravilloso que causó el asombro de sus maestras.

PUERTA ABIERTA

Hemos de constatar que cada niña y cada niño sintió que era útil, único y valioso. Y lo más relevante, se dio cuenta de que podía ofrecer un servicio a su comunidad. Todos estaban contentos porque estaban descubriéndose a sí mismos y eran valorados por sus compañeros. Los más tímidos, que pasaban desapercibidos, eran reconocidos; hasta los que eran rechazados se sintieron validados e integrados por los demás.

Lo que se puso de manifiesto con esta actividad es que los compañeros de una clase se conocen muy bien entre ellos, y que debemos capitalizar ese tesoro oculto. Es necesario sacarlo a la luz para unir al grupo y fomentar el apoyo mutuo.

OBSERVACIÓN

Las *redes de vida* hicieron posible que todo pudiera fluir. ¿Qué nos unía a madres, maestro, colectivos culturales y miembros de la Junta de Andalucía? ¿Qué hizo posible el milagro? Que todos mirábamos en la misma dirección: lograr el mayor bien para los niños y niñas. Lo que, a la vez, era lo mejor para la escuela, para la sociedad y, en definitiva, para todos.

Por último, quiero dejar constancia de que Arximiro Rico, se unió a nosotros. Su memoria, su fuerza, nos llegaba a través de la red de la vida. Sin duda, su espíritu nos inspiró para realizar un sueño en común: contribuir al progreso social, abriendo caminos en la educación.

Una utopía se estaba haciendo realidad.

Epílogo

RAZONES PARA VIVIR
RAZONES PARA ENSEÑAR

Cuando se terminó de escribir el contenido de este libro sucedió sincrónicamente algo importante. El Ayuntamiento del pueblo de Mijas, donde está nuestra sede, nos convocó a las Madres Narradoras del Proyecto Arco Iris para hacernos un reconocimiento por nuestra labor en la escuela durante 20 años. Este homenaje tuvo lugar en el marco de la presentación de la Feria del Libro de Mijas, donde también participamos exponiendo nuestro trabajo en una de sus casetas y narrando *cuentos de sabiduría*.

Entre los frutos de este año también quiero destacar algo muy hermoso que me sucedió en el colegio y que refrenda la existencia de las *redes de vida*. Habíamos realizado una de las actividades que se recogen en este libro en un curso de sexto de primaria, con niños y niñas de 11 años. Pedimos a cada uno de los niños y niñas que reconocieran a un miembro de la comunidad por su aportación al bien común. Me llamó la atención un chiquillo, Mohamed, que había pintado un pueblo con todas sus casitas y sobrevolándolo había dibujado una cometa en forma de corazón. Precisamente, dentro de ella escribió por qué había elegido a esa persona. Me maravilló su desbordante imaginación y lo felicité; además le dije unas palabras:

— "Que nadie apague tu luz".

Un mes después, llegué a la misma escuela con mis compañeras para seguir contando y realizando actividades. Iba con mi carro cargado de materiales, de carteles, de cuentos... Pesaba mucho y como buenamente podía lo iba subiendo por las escaleras hasta el segundo piso, donde se encontraba el aula de clase en la que íbamos a llevar a cabo la actividad. Cuando, de pronto, siento que alguien por detrás me coge el carro y lo sube. Se puso, unos escalones más arriba, delante de mí, y vi que era el niño que había pintado la cometa. Nos miramos profundamente y supe que las *redes de vida* me devolvían a través de él, lo que yo había aportado. De esta manera me confirmaba y así lo sentí, que este era el camino.

EXPERIENCIAS QUE DAN VIDA

Otra experiencia significativa, como creadora de futuro, también me sucedió este año en un Instituto de educación secundaria. Os aseguro que no hay nada más apasionante que ser consciente de que eres pionera. Y desde aquí, os animo a experimentarlo. Esto me pasó cuando le di a conocer a Mabel, una profesora de bachillerato, la figura de Wangari Maathai, y le regalé nuestra actividad. Le expliqué lo que estábamos haciendo para difundir la Ecología Social y se sintió muy interesada, porque coordinaba en su centro el Proyecto Ecoescuela. Ella me pidió que le llevara también el cuento de Wangari a su Instituto para homenajearla en una actividad que realizaría el Día de la Mujer.

Yo la estaba aguardando en el pasillo donde estaba secretaría para entregarle el libro. En el trajín de alumnos y profesores que se da a la hora del recreo, yo me sentía un ser radiante, lleno de esperanza. Porque sabía que estaba haciendo historia y que el cuento que tenía en mis manos era un semillero del mejor futuro. Cuando salió ella para recoger el libro me dijo:

– "Precisamente, ahora mismo estoy reunida con los alumnos y alumnas que llevan conmigo la Ecoescuela en el Instituto".

Me fui muy contenta de aquel lugar porque, como historiadora, estaba segura de que se había abierto un camino para crear un buen futuro. Me consta que esta profesora le hizo llegar la actividad: *Al servicio de la vida,* a todos los profesores y profesoras que llevaban proyectos de Ecoescuelas en Andalucía.

Tiempo después a la profesora mencionada y a su equipo de alumnos y alumnas, el Ministerio de Educación les concedería un premio por su labor.

Mabel Gutiérrez, coordinadora de la ecoescuela IES Sierra de Mijas junto a los alumnos del comité Alexandra Cuevas, Gonzalo Rojas y Fabricio Aguilar / **Cedida**

EL IES SIERRA DE MIJAS, PREMIADO
por su compromiso con la sostenibilidad
POR EL MINISTERIO DE EDUCACIÓN

Educación ambiental

DESDE EL MINISTERIO DE EDUCACIÓN DESTACAN QUE EL IES SIERRA DE MIJAS posee una larga tradición en el trabajo con la educación ambiental, así como que sus propuestas están incorporadas en el Proyecto Educativo de Centro, y hay un Comité Ambiental, y ecodelegados, cuyas funciones vienen recogidas en un plan de actuación. Resaltan, además, la implantación de diversos sistemas de eficiencia energética y gestión de residuos y agua, el proyecto 'Ven al instituto en bici' de movilidad sostenible y el trabajo con el huerto escolar.

Los centros premiados, además del IES Sierra de Mijas, son: el CEIP Ecoescuela La Inmaculada (Andalucía);

Objetivos Desarrollo Sostenible

Imágenes: M.

El Ayuntamiento ha colaborado activamente.

La ecoescuela engloba diversos proyectos y espacios verdes.

el CEIP Pluringüe de Outes (Galicia), el CEE La Panderola (Comu-

IES Miguel Catalán (Comunidad de Madrid); el CEIP Marina de Cu-

ABRAMOS CAMINOS
DANDO LO MEJOR DE NOSOTROS MISMOS

Quiero finalizar este libro con un broche de oro.

Terminando el curso escolar supimos que nos habían concedido el honor de ponerle el nombre de nuestro Proyecto a una calle del pueblo de Mijas. Así pues, el 14 de junio del año 2024, se descorrió una cortina que ocultaba un azulejo donde se podía leer: *Madres Narradoras*. La calle elegida era la cuesta que sube al colegio San Sebastián, la que tantos años ha sido testigo de nuestros anhelos antes de entrar a las clases a contar, y también de nuestra alegría al salir, por la satisfacción de los resultados.

Ante los ojos atónitos de los niños y las niñas de los diferentes cursos, que se arremolinaban para asistir al evento, de maestros, padres y autoridades competentes, me presenté a las madres de nuestro grupo y pude decir:

"Parece que la vida nos ha querido demostrar lo que os hemos enseñado, que existen las *redes de vida*. Efectivamente, la concesión de esta calle es una realidad porque muchos seres han cooperado dando lo mejor de sí mismos: las Madres Narradoras y el profesor Alejandro Cuello que ha sido el promotor de esta iniciativa, junto con sus alumnos y alumnas. Además de todo el claustro de maestros y maestras, con el director del colegio al frente, que han apoyado la propuesta. Y el Ayuntamiento que ha aprobado la petición, secundada por todos los partidos políticos en consenso. Ustedes nos otorgan este reconocimiento y yo les voy a hacer otro regalo. Os comunico que la editorial Narcea va a publicar el libro sobre las experiencias del Proyecto Arco Iris de Madres Narradoras en la escuela".

El alborozo con que se recibió la noticia por todos los presentes fue espectacular.

Queridos amigos y amigas, nuestra intención con este libro ha sido crear una herramienta útil, fruto de toda nuestra experiencia en la escuela, y ponerla a vuestro servicio para que podáis *enseñar y aprender disfrutando.*

Las **Madres Narradoras** del Proyecto Arco Iris hemos experimentado durante 20 años de trabajo en los centros educativos, *la efectividad de poner los recursos de la cultura oral al servicio de la escuela*. Era para nosotras un compromiso ético y social difundir nuestras actividades, debido al éxito que han tenido entre el alumnado. Queríamos compartir los pasos que hemos dado, inspirándonos en las carencias de la educación, para crear nuevos caminos. Estos caminos se han convertido para nosotras en *razones para vivir y en razones para enseñar*. Deseábamos transmitiros nuestro entusiasmo para crear nuevas actividades y experimentarlas en el aula.

Así pues, este libro se constituye es un aliciente para que todos hagan suya la Didáctica del Ser y sigan abriendo caminos para desarrollarla en los centros educativos.

Durante nuestra trayectoria enseñando en la escuela hemos comprobado que la mejor manera de que los niños y niñas asimilen los conocimientos que se les quiere transmitir es que *aprendan disfrutando*. También hemos verificado que cuando las niñas y los niños son valorados es mucho más fácil que realicen las tareas y que haya un buen ambiente en clase.

Sin embargo, hemos de señalar que el principal factor de motivación tanto del alumnado como del profesorado es que se sientan útiles y necesarios. Esto se consigue cuando comprenden cómo funcionan las *Redes de Vida.* Cuando cada uno y cada una entiende que tiene algo genuino que aportar a esa red y pone sus talentos al servicio de la red, para beneficio de todos, su vida cobra sentido. Además, su interés se ve reforzado al comprender que la red de la vida le devuelve, por otro lado, lo que ha aportado.

Este principio, refrendado por la Física Cuántica, es corroborado por la sabiduría perenne que lo ha condensado, a través de dichos populares como este: "El que siembra, recoge".

Con estas actividades, además de transmitir contenidos, hemos enseñado a los niños y a las niñas otras muchas cosas. Entre ellas podemos destacar algunas de las fundamentales. Les hemos enseñado a:

- Valorar y confiar en la vida.
- Avivar sus ganas de aprender, de descubrir, de maravillarse y asombrarse.
- Reconocer sus dones y talentos para que centren su atención en potenciar sus capacidades.
- Estimular su espíritu de superación y el afán de abrirse caminos en la vida.
- Enfocar los problemas como señales que nos indican aquello que necesitamos para seguir creciendo.
- Reforzar los lazos de unión y de ayuda mutua que favorecen la creación de un buen ambiente en clase.

Sin duda, este libro es una herramienta para aquellos que deseen un mundo mejor y se atrevan a construirlo donde estén. Es un estímulo para que nos convirtamos en agentes de cambio, para transformarnos a nosotros mismos y transformar lo que nos rodea, lo que se logra sencillamente siendo ejemplo en nuestro entorno. Porque como todos bien sabemos el mejor maestro es el ejemplo. Las "Madres Narradoras del Proyecto Arco Iris" creemos profundamente que es posible lo que una niña, Lucía de siete años, que cursaba segundo de primaria, escribió en una de nuestras actividades, respondiendo a la pregunta:

— "¿Cómo sería la escuela de tus sueños". Ella, de alguna manera, encarnó y expresó la voz de la infancia en su respuesta:

— "Las maestras y los maestros tenéis un don: el de enseñar a los niños y a las niñas para que aprendan y sean felices para siempre".

Querida niña seguiremos poniendo nuestro granito de arena para que esta aspiración se cumpla.

Abramos el camino dando lo mejor de nosotros mismos, en el punto de la red de la existencia que ocupemos, y dejemos los resultados en manos de la fuerza de la vida, que sin duda está a nuestro favor porque solo conoce una canción: la evolución.

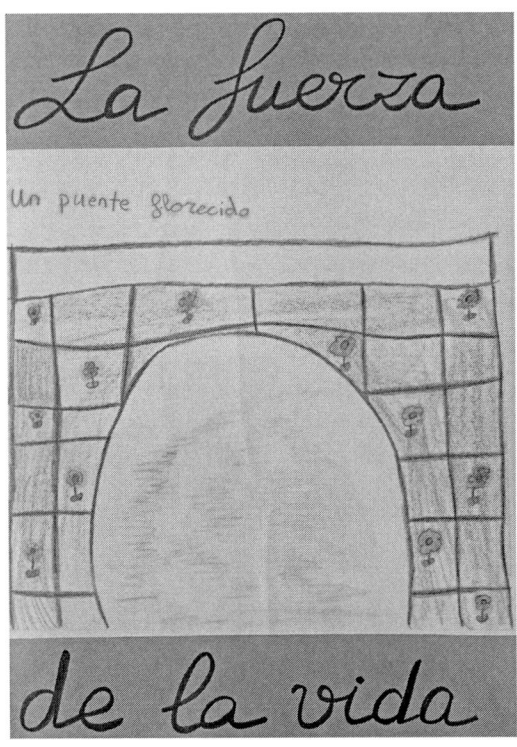

Anexo

Anexo 1

POESÍA

LA CANCIÓN DEL RÍO
(Autora: Rosa María Badillo Baena)

Glin, glin, glin
glin, glin, glin….
Suena el río cantarín.

La corriente fluye riente,
¿dime río, dime río,
qué me quieres tú decir?
Paso siempre alegremente
por las piedras y salientes.

Soy de agua, soy de agua,
todo es fácil para mí.
Glin, glin, glin,
glin, glin, glin…
Canta el río saltarín.

Si eres agua, si eres agua,
todo es fácil para tí.
Glin, glin, glin,
glin, glin, glin…
Esto del río aprendí.

Glin, glin, glin…
Cantó el río para mí.

Anexo 2

PARTITURA

LA CANCIÓN DEL RÍO

La Canción del Río

Rosa María Badillo Baena

Anexo 3

CUENTO

POR QUÉ CAEN PÉTALOS DEL CIELO
(Autora: Teresa Gil Castillo)

Érase una vez una niña que no conocía lo que era el amor. Como era una niña muy valiente se fue a recorrer el mundo en busca de una respuesta. Caminando y caminando se encontró con un hada que estaba sentada junto a una fuente.

— ¿Qué buscas, niña? Le pregunto el hada.

— Busco qué es el amor. Le respondió la niña.

— Si encuentras la respuesta –le dijo el hada–, te concederé tres deseos. Nos vemos aquí dentro de tres días.

La niña entusiasmada asintió y retomó el sendero. Caminando y caminando se encontró con un viejecito, que estaba ciego, a la vera de un río. Cuando este escuchó sus pasos preguntó:

— ¿Quién anda ahí?, no puedo verte.

— Soy una niña– Contestó la chiquilla.

El viejecito le pidió por favor que lo ayudara a pasar el puente. Ella le dijo que sí y mientras cruzaban, el anciano exclamó:

— ¡Ay, niña, qué suerte tienes! ¡Posees dos ojos sanos para ver todas las cosas, en cambio, mira cómo estoy yo!

La niña pensó que era cierto lo que el anciano decía. Tengo mis ojos que me permiten ver todos los colores y las formas de las cosas. Ellos me avisan de los obstáculos y me permiten valerme por mí misma –se dijo–.

La niña se fue muy feliz de allí y siguió andando. Caminando y caminando escuchó una voz de un niño que llamó su atención:

— ¡Niña ven! ¡niña ven!, ¡ayúdame!… ¡No puedo bajar de aquí!

Había un niño pequeño subido en un montículo y la niña lo ayudó a bajar gustosamente. Enseguida el chiquillo le preguntó:

— ¿Tú tienes papá y mamá?

— Sí. respondió ella.

— ¡Qué suerte tienes! –exclamó el niño. Yo soy huérfano y tengo que andar solo por la vida.

La niña pensó en sus palabras y se dijo:

— Pues es verdad, yo tengo una madre y un padre que me protegen y me quieren. Tengo un hogar donde ir y una bonita casa. Allí descanso, juego, me alimento y me cobijo.

Entonces se dio cuenta de todo lo que tenía y se alejó muy contenta de aquel lugar, retomando su camino.

Necesitaba descansar e iba a pararse a reposar debajo de un inmenso algarrobo, cuando un ovillo de lana llegó a sus pies. La voz de una ancianita que estaba sentada en una silla, delante de una casa, hizo que volviera la cabeza.

— ¡Chiquilla, tráeme el ovillo! Le pidió la abuela.

La niña corrió con la madeja en la mano hasta donde estaba la anciana, quien le dijo:

— ¡Qué suerte tienes¡ Tus piernas están sanas para correr, saltar y brincar!. Yo, querida niña, no me puedo mover de aquí desde hace años. Tejo y tejo sin cesar para consolarme de no poder andar.

— Pues es verdad, ¡Qué suerte tengo, mis piernas están sanas! Se dijo la niña.

Y se echó a correr por el camino, tremendamente feliz.

Corrió y corrió hasta llegar a la fuente donde la esperaba el hada que le preguntó:

— ¿Has encontrado lo que buscabas?

— ¡Sí! Exclamó la niña desbordante de alegría. ¡Ya he encontrado el Amor!

La pequeña le explicó al hada con mucha satisfacción que tenía unos ojos para ver las maravillas del mundo, que tenía unas piernas sanas para andarlo y unos padres que la querían. Y añadió exclamando:

— Hada querida, ¡soy inmensamente feliz! Me siento tan llena por dentro, que no necesito nada.
— Pero, tienes que pedir tres deseos. Le dijo la bienhechora.
— ¡Vale!, gritó la niña llena de alegría.
— ¡Ya sé lo que quiero pedir: unos ojos para un ciego, unos padres para un huérfano y unas piernas sanas para una ancianita!

Cuando terminó de pedir sus deseos, el hada con lágrimas en los ojos metió una mano en el agua de la fuente y sacó un ramo de flores, tan hermosas como el amor que la niña había encontrado. Se las entregó diciéndole:

— Yo también he encontrado una respuesta. Es posible la solidaridad y la hermandad en la Tierra.

Y en ese momento comenzaron a caer pétalos del cielo.

Anexo 4

POESÍA

EL JARDÍN DEL CORAZÓN
(Autora Rosa María Badillo)

Yo quiero hacerle un regalo
a una preciosa Azucena,
que iba buscando el amor
y conoció a un hada bella.

"Te concedo tres deseos
si encuentras la respuesta".
La niña lo consiguió
tan sólo era darse cuenta
que ya lo tenía todo,
que su vida era plena.

Me siento tan satisfecha
–le dijo a la maga buena–
que solo quiero lo mejor
para un ciego, un huerfanito
y una anciana tejedora
que está mala de las piernas.

Entonces, el hada lloró
porque ella, también, encontró
su anhelada respuesta:
"Es posible la hermandad en
la Tierra".

Por eso, yo quiero
hacerle un regalo
a una preciosa Azucena:
las flores del ancho río
y del manantial, las piedras.
Una estrella que le alumbre
los caminos de la Tierra,
y una seta gigante,
donde refugiarse pueda.

Una pelota de oro…
Un zoológico sin barreras
con un hipopótamo enorme
que la guarde de las fieras.

Yo quiero regalarle
un bosque de nieve espesa,
y una mantita caliente
suave como la seda.

Y por si jugar quisiera,
el jardín de mi corazón
donde siempre es primavera.

Anexo 5

CUENTO

FLOR DE GORRIÓN
(Autora: Rosa María Badillo)

Érase una vez una niña llamada Lucía que salió al campo con sus papás y vio en lo alto de una piedra algo que le llamó la atención: era una flor muy bella que tenía los colores que a ella más le gustaban.

Lucía antes de marcharse de aquel lugar se acercó mucho a la flor y le dijo con gran emoción:

— ¡Qué preciosa eres!

Parecía que se lo había dicho al oído porque la flor la escuchó. Y por primera vez, dejó de tener miedo a que un soplo de viento se la llevara de la roca donde habitaba. Así fue como centró en si misma su atención y se dio cuenta de lo que era, llenándose de paz.

Las bonitas palabras de Lucía hicieron que la flor se fuera abriendo a todo lo que la rodeaba y fue descubriendo los colores, y con ellos la belleza de la vida. Miró y miró a su alrededor, y se fijó en el color rojo que tenía en sus pétalos una hermosa amapola. Luego, contempló el brillante color naranja en las alas de una mariposa. Sobre todo, le llamó la atención el color amarillo del sol y disfrutó del celeste de las aguas de un río que pasaba cerca.

Pero, los momentos más asombrosos los vivió cuando fue cayendo la tarde y apareció el azul profundo del cielo, que teñía de morado las montañas. La flor al verse rodeada de bellos colores sintió que la vida la arropaba y confió.

A la mañana siguiente la flor se despertó con un sonido:

— Pío, pío, pío….

Por primera vez le prestó atención al cantar de los pájaros y observo su vuelo; le parecían seres mágicos. Nuestra florecilla llegó a amar tanto a los pajarillos, que se atrevió a pedir un deseo a Madre Naturaleza. Y como el amor lo hace todo posible, la flor se transformó en pájaro.

Se convirtió en un pequeño gorrión que tenía tantas ganas de volar que con sólo un batir de alas llegó al techo del cielo, para desde allí mirar el mundo. Ante sus ojos, contempló el inmenso campo donde había vivido, y vio un puntito chiquito, chiquito, que era la piedra a la que se había agarrado desesperadamente para sobrevivir. El gorrioncillo con corazón de flor recordó todo su sufrimiento por haber creído que la vida solo era aquella roca.

El pajarillo sintió un enorme agradecimiento por todas las cosas que había descubierto y una profunda alegría por sentirse vivo. En ese momento recordó a Lucía, la niña que sin saberlo había sido un hada madrina para él, pues le mostró toda su belleza. Y lo más importante sus palabras le dieron fuerza para superar el miedo.

Espontáneamente, el pajarillo siguió el impulso de la vida que le latía dentro y alzó el vuelo para fundirse con una nube de colores, formada por aves de paso que surcaban el firmamento. Ahora, quería descubrir y disfrutar de todas las maravillas que le brindaba Madre Naturaleza.

El gorrión vivió muchas aventuras; la más bella la ocurrió en el parque de un pueblo. Estaba picoteando miguitas de pan en el suelo, cuando una niña se le acercó y le dijo:

— ¡Qué bonito eres pajarillo!

El gorrioncillo reconoció aquella voz enseguida, y se posó en la mano de la niña. Lucía se sorprendió de que aquel pajarillo quisiera comer de su mano. Pero, no solo comió, sino que también con sus alitas y su cuerpecito acarició delicadamente su manita. Lucía sintió como si un ser muy querido le hubiera dado un beso. De esta manera, el gorrioncillo le quiso decir:

— Gracias por haber sido mí hada madrina.

Y la niña, sin saber por qué, ese día se sintió muy contenta.

El gorrioncillo con corazón de flor se sintió tan feliz por lo sucedido, que sus alas recibieron el impulso de elevarse hasta fundirse con el infinito.

Y se convitió en una estrella,
para alumbrar con su luz
el camino de los niños y las niñas
en la Tierra.

Anexo 6

POESÍA

LAS ABARCAS DESIERTAS
(Autor: Miguel Hernández)

Por el cinco de enero
cada enero ponía
mi calzado cabrero
en la ventana fría.

Y encontraban los días
que derriban las puertas,
mis abarcas vacías,
mis abarcas desiertas.

Nunca tuve zapatos,
ni trajes, ni palabras:
siempre tuve regatos,
siempre penas y cabras.

Me vistió la pobreza,
me lamió el cuerpo el río
y del pie a la cabeza
pasto fui del rocío.

Por el cinco de enero,
para el seis, yo quería
que fuera el mundo entero
una juguetería.

Y al andar la alborada
removiendo las huertas,
mis abarcas sin nada,
mis abarcas desiertas.

Ningún rey coronado,
tuvo pie, tuvo ganas
para ver el calzado
de mi pobre ventana.

Toda gente de trono,
toda gente de botas
se rio con encono
de mis abarcas rotas.

Por el cinco de enero
de la majada mía
mi calzado cabrero
a la escarcha salía.

Y hacia el seis, mis miradas
hallaban en sus puertas
mis abarcas heladas,
mis abarcas desiertas.

Anexo 7

POESÍA

LA PALMERA LEVANTINA
(Autor: Miguel Hernández)

La palmera levantina,
la columna que camina.
La palmera, la palmera,
la palmera levantina,
la que otea la marina,
la mediterránea era.

La palmera levantina,
la que atrapa la primera,
ráfaga de primavera,
la primera golondrina.
La que araña los luceros
y se ciñe los encajes de las nubes
a los zancos datileros.

La que brinda sol en grano al verderol,
La que se arroja de bruces contra el sol.
El magnífico incensario
que se mece solitario,
al final de la colina
contra azul extraordinario,
la palmera levantina.

Anexo 8

MONÓLOGO sobre la vida de Suceso Luengo

LA FLOR ETERNA
(Autora: Rosa María Badillo)

Queridos niños y niñas, perdonadme, pero me he perdido por el pasillo de los siglos... Vengo buscando a maestros y maestras a los que les encanta enseñar y crear actividades didácticas como a mí. Antes de nada, permitidme presentarme, me llamo: María del Buen Suceso de la Figuera.

Mi nombre es del siglo XIX, época en la que nací. Exactamente en 1864, en un pueblecito de Zamora: La Bóveda de Toro. Bendita tierra, donde los girasoles crecen tan altos que se confunden con el sol. Por eso, cuando me asomaba a los campos, siendo niña, creía que mi pueblo estaba alfombrado de soles y me dio por llamar a mi terruño: "La tierra de los mil soles".

Desde muy pequeña supe que era maestra. Me encantaba enseñar a mis muñecas y, luego, a todos los niños del pueblo. No se me escapaba ni uno. Estudié en Zamora, la capital. Afortunadamente, las mujeres ya podíamos estudiar Magisterio en España, en lo que se dieron en llamar: Escuelas Normales.

Estudiaba con ahínco, pero, cuando podía me daba mis paseos a la orilla del Duero, que serpenteaba la ciudad dándole un toque romántico. O visitaba las iglesias románicas de Zamora, que cuenta con más de treinta. La verdad es que no he conocido una ciudad tan mágica como ésta. Me llenaba de alegría transitar por sus calles y plazas, visitar su catedral y sus coquetos jardines. Toda una delicia para una aldeana como yo.

Lo que más me apasionaba era la educación. Me volqué en mis estudios con tanta dedicación que en cuanto saqué la carrera obtuve trabajo. Y siendo muy joven ocupé la dirección de la Escuela Normal de Maestras de Soria. Esta ciudad ruda y seca terminó abriéndome los brazos. Porque allí, además de dirigir la escuela, me dedicaba a lo que me alimentaba el alma: escribir.

Y, curiosamente, rompí muchos moldes. Os preguntaréis cómo lo hice. En la semana de Feria se convocaban los Premios Flor de Oro de Literatura y los Concursos de Belleza. Pues bien, yo por la mañana ganaba La Rosa de Oro y por la tarde conseguía el Premio a la mujer más hermosa. De este modo hacía añicos la creencia de que las mujeres inteligentes tenían que ser unos adefesios. Sin embargo, yo demostraba todo lo contrario: era guapa, profesora y escritora.

También, os confieso que era una aventurera y es que, en aquella época, tenía tanta energía que me comía el mundo. A la edad de 26 años me propusieron ser Directora de las Escuelas de Maestras de Ultramar. Como no temía a ningún desafío allá que me fui a La Habana. Era mi oportunidad de cruzar el Atlántico y de conocer otros países. No la podía desperdiciar.

Escribí en los periódicos más notables de Cuba y México, mi carrera era fulgurante. Pero, España entró en guerra con EE.UU. y perdimos las colonias. Sin remedio tuve que regresar a España, ¿sabéis a dónde me destinaron? A Málaga, aquí encontré mi sitio. La maestra viajera por fin encontraba su paraíso. Lo primero que hice fue presentarme al responsable de Instrucción Pública de la ciudad: Don Narciso Díaz de Escovar. Pero, no creáis que me dirigí a él como una humilde servidora. No, hice valer todos mis méritos, de los que me sentía muy orgullosa. Todavía recuerdo cómo comencé la carta: "Soy maestra-bachiller con todas las notas de sobresaliente...". Yo sabía bien quién era, y así me daba a conocer: la nueva Directora de la Normal de Málaga.

Las ideas para mejorar la enseñanza me brotaban como un manantial. Comencé, apoyada por mi equipo de colaboradoras, a comprar libros de los mejores autores y pedagogos, tanto europeos como americanos. Quería que nuestra Escuela abriera sus horizontes a las nuevas corrientes educativas donde el saber y el placer estaban estrechamente unidos. Mi idea de la enseñanza era eminentemente práctica y quería que los conocimientos que se impartieran en la Escuela Superior de Maestras fueran útiles. Deseaba crear una ESCUELA VIVA, donde mis alumnas "adquirieran el saber en el gran libro de la naturaleza y el arte ante sus obras". Por eso, les pedí a sus padres y a sus madres, que las dejaran hacer un viaje a Sevilla y otro a Granada.

¿Que cómo conseguí que la oligarquía malagueña permitiera que sus hijas hicieran un viaje "solas" a comienzos de siglo XX, en 1905 y 1907? Porque me respetaban y admiraban. Me había ganado sus corazones, tanto de los hombres que me escribían poemas, como de las mujeres que se hicieron mis amigas.

Los viajes fueron inolvidables. Recuerdo que cuando íbamos por la calle Sierpes los sevillanos se volvían exclamando: ¡Turistas, mujeres turistas españolas! Esto era impensable por aquella época. Llevé a mis alumnas a las fábricas, a los museos, a las escuelas, a los hospitales. Y les mandé que escribieran sus impresiones sobre lo que veían. Después, hice un libro con todos sus escritos que tuvo mucho éxito. Lo titulé: *Impresiones de un viaje a Sevilla*, el primero, y luego publicamos el de Granada.

Seguía escribiendo, ganando premios y enseñando. También me llamaban para dar conferencias en las mejores instituciones de la ciudad. Mi verdadero anhelo era darle una salida digna a las mujeres solteras que estaban condenadas a depender de sus parientes si no se casaban. ¡Qué triste era su situación!, tratadas como un estorbo, pasaban calamidades; eran las cenicientas de las familias y me partían el corazón.

Por este motivo, di una conferencia con el título "Feminismo económico", en la Asociación de Comercio de Málaga. ¡Que nadie se espante de la palabra feminismo! Pues, feminismo simplemente significa el movimiento por la igualdad de derechos y oportunidades, entre hombres y mujeres. En esta disertación yo abogaba por el derecho a una vida digna de todas las mujeres y el derecho al trabajo de las mujeres solteras. Aunque, eso sí, era un poco conservadora porque propugnaba que las profesiones a las que podían dedicarse eran la de maestra, enfermera, dependienta y mecanógrafa. ¡Creedme!, lo que hoy os parece desfasado, en aquella época era una revolución.

Recuerdo que les decía a mis alumnas: "Descubrid vuestros talentos, vuestras capacidades; id más allá del mero anhelo social de tener un marido. Nunca os conforméis con ser un adorno, sois personas que tenéis el derecho a tener una vida propia".

Eso sentía yo y eso enseñaba…

Mis ideas innovadoras hicieron eco en instituciones como la Sociedad de Ciencias. Fui la primera mujer que invitaron a dar una conferencia en 1902. Los hombres con mayor amplitud de miras querían escucharme. Y expuse mis ideas sobre la necesidad de una *Pedagogía Social*.

Había que enseñar a los políticos a ser buenos gobernantes y al pueblo a salir de la ignorancia. Para mí, la cultura era lo que podía transformar nuestra sociedad y abrir verdaderos horizontes. En fin, amigos y amigas, aquí tenéis la última rosa de oro que gané en el concurso más difícil y apasionante: el concurso de la vida. Es el premio de quien hace una obra de arte con su vida y la convierte en un ejemplo para los demás, en una flor eterna.

Anexo 9

RELATO

EL MAESTRO QUE ENSEÑABA A TODO EL PUEBLO[1]
(Autora: Rosa María Badillo)

Arximiro Rico llegó a la aldea de Baleira con su título de maestro bajo el brazo y su cabeza llena de horizontes, sembrados de palabras que se convertían en pájaros. Eran palabras con alas como libertad, igualdad, justicia, dignidad, fraternidad, humanidad…

Llegó un día frío y lluvioso a la aldeilla de Baleira. La que iba a ser su escuela, sólo era una habitación húmeda con paredes desconchadas y mucho polvo. Allí reinaban las telarañas. Pero, él sintió que era su clase y vio algo más. Se la imaginó llena de niños, de pupitres, de estanterías… Y siguiendo el impulso de su corazón se remangó su camisa y se puso manos a la obra. Él mismo hizo su mesa y su silla, junto con los estantes que sostendrían los libros que con tanto amor había ido comprando a lo largo de su vida.

Y la clase se llenó de niños y de jóvenes porque daba clases a niños y a jóvenes de todas las edades; a los mayores incluso los preparaba para su acceso a Magisterio. Los ponía por grupos: primero estaban los pequeños, luego los grandes, por último, los estudiantes de bachiller. Trabajaba día y noche, porque después se ponía a estudiar ya que tenía que enseñar a "todo el pueblo".

Le encantaba hablar con los labradores y reunirse con ellos debajo de un viejo roble para hacer proyectos sobre cómo repoblar los bosques o introducir nuevas formas de cultivar la tierra. También asistía a los partos de animales, haciendo muchas veces

---

[1] Este relato está basado en hechos reales. Narra la vida del maestro gallego Arximiro Rico Trabada (1905-1937).

de veterinario y de médico. Hasta lo buscaban para que hiciera de juez. Con una capacidad extraordinaria, poniendo en juego sus talentos, conseguía disolver los odios más recalcitrantes y añejos, solventando así las peleas, entre sus paisanos, por cuestiones de lindes. Todo lo conseguía porque para aquel maestro no existía la palabra imposible.

Un día llegó a la escuela un inspector de Primaria sin avisar. En cuanto entró en el recinto vio que el techo estaba negro de hollín.

— Pero ¿qué ha pasado aquí?

Fueron sus primeras palabras. Los niños enseguida le contestaron:

— Es que hacemos teatro y en la obra de la semana pasada necesitábamos una hoguera".

Y, uno de ellos, que se llamaba Antón, le recitó entusiasmado unos versos que correspondían al personaje del herrero, el mismo que él había representado:

El hierro chisporrotea
al verse tan golpeado;
pero, coge poco a poco
la forma que deseamos.

— Las obras de teatro las escribe nuestro maestro y viene todo el pueblo a vernos, dijo uno de los discípulos alborozado.

— ¡También tenemos un coro! Exclamó otro..

Y todos los niños se pusieron a cantar al unísono. Cuando entró en la clase el maestro, que había ido a por leña, sus alumnos se callaron. El inspector lo miró profundamente y tras un largo silencio, preñado de admiración, le dirigió estas palabras:

— Ya veo que en Galicia hay dos Universidades, la de Santiago y su escuela de Baleira.

Antón Arias, su alumno, que hoy cuenta con la edad de ochenta años, canta en un coro y lo que más le gusta del mundo es ir al teatro. Sus aficiones son la prueba de que lleva en el alma la frondosa huella de su maestro.

Arximiro y su magisterio le ganaron la batalla al olvido y por eso hoy nos llega a nosotros el eco de su memoria. Porque ninguna injusticia, ningún crimen, ninguna guerra puede acabar con los caminos abiertos en la mente y el corazón de los seres humanos.

El espíritu del *maestro que enseñaba a todo el pueblo* sigue perviviendo y su semilla se multiplica como la buena simiente que cae sobre la Tierra.

COLECCIÓN «HERRAMIENTAS»
TÍTULOS PUBLICADOS